車行 *3000* ^{公里} 暢遊英國

賴富蘋 文・攝影

目次 | CONTENTS

010 來去英國 Let's go to Britain

014 蘇格蘭 Scotland

058 英格蘭 England

那一雙，
少女般慧黠的眼睛

　　初識富蘋，我們很復古地透過文字魚雁往返。我總是閱讀著她的文章，品味著字裡行間所洋溢的感性與天真──是個豆蔻年華的少女吧！只有少女心靈上的那雙眼睛，才會將這個花花世界詮釋得如此可愛而溫情啊！

　　爾後在富蘋的文字中，提及了固定的旅伴，結婚多年的阿班。我驚得把前後的文字往復看了幾回：還是如詩般的少女情懷，還是如此細膩的觀察與體觸。我心想，這幸運的阿班！還有，這年頭，這麼早婚的少女，已經很少見了！

　　後來，我們相見了。滋養於文字與信件中的友誼，終於在土壤上落地生根，也幸運地結了一樹盈燦燦的友情之花。那是個秋天的午後，她遠遠走來，擎著一把粉紅色的傘，掛著可愛的粉紅色耳環，我笑了，知道是富蘋。一直記得那個午後的氛圍，雅致的小客廳內烹煮著花茶，蒸騰得滿室生香。我們品茶、品酒、聊旅行、話人生，從天亮談到天黑了仍不捨得告別。後來才知道，原來那天我們並不需要不捨，因為往後每次的相聚，我們總是有如此可意而忘卻時間流逝的談話；後來也才知道，為何那天如此不捨，因為即便總有這許多可意的談話，我們仍舊有太多分享不完的感受：關於生活，關於人生，關於旅行，關於其他。

　　原來富蘋並不是個豆蔻年華的少女，用時髦話來說，是個熟女，卻無礙於我對她一直以來的想像，因為她有一顆少女般的心思：浪漫而勇敢，幽默而細膩，於生活與旅行中，將種種平凡事物，點了魔杖似地、變成一個接著一個的驚喜。於是我們聽說她的毛毛蟲在春陽中跳了扭扭舞，又看著她將燈籠草鑲了小燈泡、編成了簾，飛上了窗櫺，搖曳生姿。而最令人期待的，是她和阿班每年的壯遊──在我們為凡塵俗世所羈絆而徒呼「不如歸去」時，只見她啟程了，又聽聞她歸來，似乎總興味盎然地準備著下一趟的旅行。我想我明白，我們的血液裡都澎湃著流浪者的 DNA，否則怎會在茫茫人海中相識、又如此惺惺相惜？

　　聽富蘋談旅行，無論是閱讀文字、聽她演說，或是我們這幫好友專屬的祕密分享會，都是很快樂的一件事。明明看她做足了功課，看來是個緊湊的行程，卻看她又和松鼠交了朋友、又在湖邊享受了野餐；本來擔心她的行程太悠閒、太鬆散，卻見她該去的名勝古蹟都去了，不該去的廢墟碉堡也探險了；演說進行中，我和台下的聽眾一起笑了，無論是歷史的滄桑留痕，大自然的蓬勃新生，都在主人翁那少女般慧黠的眼中，嘗出了旅行與生活充分揉拌之後，迸出的絕妙好滋味。

　　無論是這本英國旅記，或是往後那些、富蘋將履及的國度與土壤，我都忠誠地期待著她的旅記。期待這一顆慧心，為我們打開一扇又一扇世界之窗，無論窗外是萬水千山，都將被賦予那獨特的、靈動而俏皮的風情──來自那一雙，少女般慧黠的眼睛。

Jessamine Hu

自由作家，目前專職科技業
著有《陽光，托斯卡尼》

閒情・行走大不列顛
——老朋友的旅行小記號

英國的旅行很能讓人感受悠閒雅致，驚喜、受寵中帶有溫柔、豐美的滿足。

我的英國旅行與富蘋同在春天 5 月，只差個十多天，中間沒有聯繫，回來之後，我們分享每一處行腳、每一抹陽光。在湖區，我們到處發掘、拍攝著精神抖擻又清新的春天小花，眺望、讚美著同一座湖；在倫敦聖詹姆士公園，我們都遇過座椅上同一位老人，我們甚至還仔細核對著看到的是不是同一隻松鼠……說到每一處旅行同樣的心情和同樣的發現，我們都好雀躍。共同的旅行語彙，著實加乘對旅行的趣味。

我說，富蘋當時應該沿途留給我一些小記號，或是借風捎個口信，說說英國旅行的美好，讓我分享每一站的即時情境，那鐵定非常有趣！

現在這些旅行英國的美好書寫出來，旅行小記號也要帶您同遊囉！

屬於資訊的、心情的；快節奏的、慢節奏的；紳士的、熱情的殷實記錄，富蘋總是能夠悠悠地講述歷史與古蹟，輕巧地描寫大城、小鎮與鄉間，文字裡總有細膩精準的導引，有時又不經意地隨時給一點喟嘆感動般的抒懷，像英國大早餐一樣，有滿滿充沛的精神飽滿與體力補足，優雅又帶勁兒；也像在下午茶的淡淡餘香中

很貼近地與你聊著，低吟淺唱，紓緩又有條理的描繪，不論是起伏山巒上的綿羊點綴，或是城市的華美深邃，那韻味兒都是那麼相襯。

而我也一直羨慕富蘋與阿班的退休旅遊生活。

看著他們 3,000 里路大不列顛每一篇自在的「旅行畫面」，鮮活而明朗，讓人賞心悅目；而他們在這一趟大不列顛的退休旅遊「生活圖畫」也有許多悠哉和精采，儘管常遇陰冷，難得現晴，但令人欣羨的旅遊人生，看到的卻是色彩斑斕。富蘋與阿班不必用畫筆，在他們曼妙的觀察與體會中，英倫「旅行圖畫」就一幅幅歡喜呈現了。

這對神仙眷侶用簡單澄澈的心去承攬這個西歐國度的厚度與深度，許多人生的美麗就在樸實與平凡享受中體驗，許多視野的拓展也總是在旅行中去實現，在這份旅行英倫的紙頁中我汲取了他們不少的智慧。

此刻，同樣的春綠時節，我把富蘋的文字與影像再度捧在手上幸福閱讀，與英倫田園、山水、城鎮、古蹟和所有的英式風情交談，觸摸每一吋旅行的記憶方塊。我從蘇格蘭、英格蘭、威爾斯到倫敦，每行走到一處就「拾獲」富蘋與阿班的分享，因循這樣智慧靈巧、讓人會心一笑也讓人驚喜的小記號，這份旅記把我走過的地方和不曾到訪的角落，一一串連帶動，讓我的回憶再度閃亮，也讓我再訪英倫的企盼悄悄燃起。

心動了嗎？英倫的陽光與雨絲、美麗與哀愁、亙古恆遠與青春不老在召喚，您也帶著這份老朋友般的旅行沿途小記號啟程吧！

工研院研究員，業餘作家、畫家
著有《慢遊陽光西班牙》、《法蘭西時光》
個人部落格：新竹時光

英國的故事

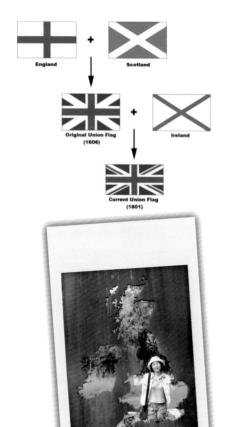

話說在歐洲西方外海有個長相奇特的島嶼，叫做大不列顛島（Great Britain）。島上住著三個姐妹，英格蘭居長，北方緊鄰的是二姐蘇格蘭，在英格蘭西邊的是小妹威爾斯。另外還有一個兄弟住在靠近蘇格蘭西邊的另一個島上，叫做北愛爾蘭。這一家有個長長的全名叫做「大不列顛及北愛爾蘭聯合王國」（The United Kingdom of Great Britain and Northern Ireland），國際間習慣稱呼「聯合王國」（United Kingdom），簡寫是UK。華語世界則以大姐之名喚她「英國」。

這個家族起初只有一個獨生女兒英格蘭，兄弟姐妹們原本都擁有各自獨立的家庭，但這位大姐不甘寂寞，於是想辦法把左鄰右舍都找來成為一家親。翻開他們的家譜瞧瞧，英格蘭 1284 年控制了威爾斯，1535 年讓她成為英格蘭王國的一部分。1707 年又把蘇格蘭拉過來合併成為大不列顛王國，一百年後再把旁邊的愛爾蘭兄弟也併攏過來，理所當然就叫做「大不列顛及愛爾蘭聯合王國」。只是這兄弟並不喜歡大家庭，憋了一百多年，到 1922 年時乾脆離家出走，自己獨立成為「愛爾蘭共和國」，只剩下他的東北部還留在聯合王國內，所以從此以後，這家族就有了這麼個怪里怪氣的名字了。

　　從英國國旗也可以看出這一有趣的演變。原本英格蘭的國旗是白底紅十字的「聖喬治旗」（St. George），併入蘇格蘭國旗藍底白叉的「聖安德魯旗」（St. Andrew's）後，就出現了最早的米字旗。1801 年再合併愛爾蘭國旗白底紅叉的「聖派屈克旗」（St. Patrick's），英國的國旗便成為今天的樣式。

　　話說英格蘭大姐不只喜歡和左鄰右舍親上加親，聰明的她早在網路發達之前，就有「世界村」的概念，因此當她擁有了眾兄弟姐妹的力量之後，到了 19 世紀末之時，她家的旗幟便插遍世界各地，最盛時期控制了世界四分之一的土地和人口，當時被稱為大英帝國（British Empire），因為太陽時時刻刻照耀著她的領土，號稱「日不落國」。可見當時是多麼地威風凜凜、不可一世。

　　創造這麼多顯赫事蹟的英國，當然也不是只靠人多勢眾得來的，細數她的超凡能耐就可略窺端倪：她是世界第一個工業革命和工業化的國家、資本主義的倡導者、早期議會民主的誕生地、19 世紀的海上霸權主。除此之外，英國在科學和文學藝術成就上，也十分耀眼。比如說，17 ～ 18 世紀集物理學家、數學家和天文學家於一身的牛頓（Isaac Newton），是近代科學家中最傑出的代表人物；演化論之父達爾文（Charles Robert Darwin），是 19 世紀最偉大的科學家之一；18 ～ 19 世紀的發明家瓦特（James Watt），是工業革命時的重要人物。文學方面的重量級人物更是不可勝數，世人耳熟能詳的有莎士比亞、拜倫、雪萊、濟慈等。

　　比起從前的風光，現代的英國算是家道中落啦！「日不落帝國」成了往日的光輝，但是這家人也似乎變得比較和藹可親了，看看哈利波特的故事和蘇珊大嬸的歌喉風靡了全世界，原來用不著到處插旗幟，軟實力也一樣有力量。

　　於是我和另一半阿班決定，去仔細瞧瞧這有趣的國家。

來去英國

Let's go to Britain

3,000公里遊英國

3,000 公里長征好漢

3,000 公里長征寶駒

我和阿班的英國自助旅行共 33 天。除了起點愛丁堡及終點倫敦和周邊是搭乘大眾交通之外，我們由蘇格蘭、威爾斯和英格蘭一路開車蛇行大不列顛，只是帶去的衛星導航第一天就失靈，我們有如盲蛇出巡竟也完成了 3,000 公里的旅行，於是便有了一張終生難忘的大不列顛行旅圖。

英國開車是由阿班一手包辦，全程開車十分辛苦，而我這個導航人這回成了導盲犬也輕鬆不得，好在手上還準備了紙本地圖，不足之處就一路上網請教「狐狗大師」（google map），有驚有險地完成了整個行程。

只是在英國才發現台灣網路的普及真是難能可貴，此次由蘇格蘭到英格蘭及威爾斯，住在 B&B、Guest House 及 Hotel 裡，只有屈指可數的幾次能夠上網，咖啡館也不是普遍設有網路，有一天為確認行車路線，遍尋小城不得，最後找到圖書館內才得以上網。

好在我們旅行一向具備的好運氣還是有的：住到幾家不錯的 B&B，遇到一些有趣的主人家及熱心的英國人。在蘇格蘭變化極大的氣候中，往往開車時下雨，停車時卻又放晴了。旅行到了英國南部，中北部就下起大雨來。

英國人的溫文儒雅曾讓我印象十分深刻。三十年

大不列顛行走路線全圖

前第一次搭火車到倫敦做數日之遊，在途中的一個月台上，我詢問抵達時間，站務人員回答之前溫文有禮地推帽致意：「Yes, Madam.」這是初次短暫而印象良好的接觸。

這一回除了仍舊遇到許多熱心的紳士淑女之外，Newcastle 露天演唱會熱情舞動的年輕人、街頭巷尾或坐或站在酒吧外喝酒的男女、高速公路上嫌我們變換車道過慢而怒氣沖天的駕駛，都讓我一窺英國人不同的面貌。

3,000 公里悠遊英國，我們像是駛入了一個美麗而深邃的世界。

蘇格蘭

Scotland

大山大水蘇格蘭

路上難得見到房子

在古羅馬人時代，蘇格蘭被叫做「加勒多尼亞」（Caledonia）。這地方都是高高低低的山地，和英格蘭很不一樣。它壯闊的山景足以令人們的靈魂屏息，蘇格蘭著名詩人史考特（Sir Walter Scott）曾經寫下這樣的詩句：

> 「這個充滿詩意的孩子需要照料！
> 這土地只有褐色的荒原和雜亂的叢木，
> 這土地只有高聳的山和氾濫的水。」

找尋充滿詩意的孩子

有了水就
有森林

一整塊布圍成的蘇格蘭裙
和繫在腰上的披肩

原本想到蘇格蘭，最先進入腦海的幾個簡略印象，就是蘇格蘭裙、風笛和奶油餅乾，當然還有威士忌。但透過這首詩的描繪，讓人對於蘇格蘭的大地景觀和個性有了畫面和感覺。

於是我翻開地圖找尋這詩意的孩子，她位在大不列顛島的北方，一條中央地塹由西南斜向東北，將蘇格蘭分成兩部分，北部是 600 ～ 1,000 公尺的高原和山地，南部是 500 ～ 600 公尺的台地，蘇格蘭高地和低地就如此被劃分出來。蘇格蘭高地人煙稀少，人口密度比緯度相似的瑞典和挪威等地要低，是歐洲風景最優美的地區。

水色山光似乎恆久靜止在此

　　進入蘇格蘭感覺像是進入另外一個國家，她有獨特的文化傳統，和強烈的民族意識，而且現在仍然擁有自己的語言（源自古愛爾蘭語的蓋爾語 Scottish Gaelic）和文字。蘇格蘭曾因為領土、宗教、政治等不同原因，與南面的英格蘭、西面的愛爾蘭，以及歐洲大陸的法國、挪威等王國和勢力之間，有過錯綜複雜的聯盟、婚姻和戰爭關係。直到 17 和 18 世紀，蘇格蘭王國與英格蘭王國合併，形成了現在的聯合王國。但蘇格蘭的獨立問題仍然是一個長久以來的議題，著名的影星史恩康納萊（Sean Connery）便是蘇格蘭人，也是強烈主張獨立的知名人物。

　　蘇格蘭在地理和歷史上的獨特性，讓我們環遊大不列顛的旅行，有了另一種不同的體驗和感受。從愛丁堡開車上路，一眼望去整片都是開闊平緩的地形，有著大山大水的壯麗景觀，和台灣陡峻的高山和秀麗景致大異其趣。英國境內的最高峰本內維斯山（Ben Nevis）就在蘇格蘭，但高度也不過才 1,300 公尺，當看到我驚訝的表情時，一位蘇格蘭人很認真地說山上冬天也會凍死人的。這裡地廣人稀，路上車輛也少，本來阿班很擔心不適應英國的左邊駕駛，在蘇格蘭倒是很快就上手了，反而是我們上車

前常演出一幕默劇：走到相反車門邊然後再互換回來。

蘇格蘭裙、風笛、奶油餅乾

蘇格蘭延續了好幾世紀的高地人傳統服裝，就是方格呢蘇格蘭短裙，英文名稱叫做 Kilt。它原本是未經裁剪的整塊毯子或布料，大概有 5 公尺長，裹在身上再紮一根腰帶，腰部以下與現在的蘇格蘭裙差不多，腰部以上則如披肩一般搭在肩上。

在景點區時常可見蘇格蘭風笛演奏

傳說 18 世紀時一位工廠老闆為讓工人方便工作，把 Kilt 一剪為二，於是下半身便成了蘇格蘭裙，但歷史記載早在 1624 年蘇格蘭軍隊就以這短裙作為制服了。17、18 世紀時，蘇格蘭高原部落之間的戰爭終年不休，混戰中的士兵就是以制服上的格子圖案來辨認敵我。

除了愛丁堡之外，在蘇格蘭旅行當中我們並不常見到穿著蘇格蘭裙的人。對於大部分蘇格蘭人來說，蘇格蘭裙是很正式的服裝，有將近百分之八十的蘇格蘭人選擇它作為新郎禮服。傳統上，不同宗族成員穿著不同圖案格子花呢的蘇格蘭裙，這也緣自早期蘇格蘭人的生活方式，織布匠利用當地的植物製作染料，因此決定了不同地區出產不同色調的格子花呢。

穿蘇格蘭裙演奏風笛是一幅很蘇格蘭的畫面，其實風笛（Bagpipes）最早起源於中東或中亞，直到 16 世紀才開始在蘇格蘭高地盛行。當大英帝國興盛時，在英國軍隊的高地團帶領下，高地大風笛就成為全世界最知名的風笛，現在也成為蘇格蘭傳統音樂和文化的一部分。

以紅色格子花呢圖案包裝的蘇格蘭奶油餅乾，也是世界聞名，紮實又香濃的餅乾配上一杯咖啡或茶，是午後很棒的享受。我們千里迢迢帶回幾盒和朋友分享，後來才發現在台灣上網也能買得到呢！如果在閱讀蘇格蘭旅行時，也來兩片奶油餅乾搭配高地紅茶或一小杯蘇格蘭威士忌，這大山大水的好滋味也許就更入味了。

愛丁堡東張西望

愛丁堡城堡的入口

挑高大廳的木樑和牆上排列整齊的武器

城堡炮台，最遠處是每天一點準時發射的大炮

愛丁堡（Edinburgh）是我們英國之旅的第一站，選擇由此為起點最主要的原因是英國是靠左駕駛，阿班對此十分抗拒，但出門旅行沒了他就像是沒了腳，我只有絞盡腦汁讓他對左駕容易上手。就決定從地廣人稀的蘇格蘭為起始練習開車和膽量，因此安排先搭機到愛丁堡，玩個幾天後再取預訂的租車上路。

歐洲首屈一指的美麗古都

位於倫敦北方約 600 公里的愛丁堡，人口四十四萬，是蘇格蘭的首府，也是歐洲首屈一指的美麗古都，聯合國教科文組織列為世界文化遺產。她是英國的一個重要旅遊城市，每年吸引了上千萬的遊客。

愛丁堡城區分成兩部分，一是中世紀石砌建築的老城區，另一個是保留著許多新古典主義時期原始建築的新城區，現在是愛丁堡的購物區。老城區的軸心街道是「皇家哩路」（Royal Mile），全長 1 哩，西端起自愛丁堡城堡（The Castle），東端連接到荷里路德宮（The Palace of Holyroodhouse）和遼闊的荷里路德公園。

5 月的天氣還是冷颼颼的，我們戴上毛線帽和手套去愛丁堡城堡，這是愛丁堡的必訪之處。城堡座落在市內一座死火山的花崗岩頂上，海拔 120 公尺，從

城堡內的蘇格蘭戰爭紀念館　　　　從史科特紀念塔向外眺望

市中心各角落都可看到。城內是複合式建築，而且圍城之內還有圍城，看起來十分牢固。這座城堡從 12 ～ 16 世紀一直是蘇格蘭的皇家城堡，17 世紀起成為軍事基地，目前屬於蘇格蘭文物局，但仍然有軍隊駐紮。

愛丁堡城堡

　　我們進入城堡中的廣場，右側是一座十分優雅的大廳（The Great Hall），屋頂挑高空間的木樑都是原始的建築。當我仔細看牆上的裝飾，才發現全部都是戰爭的武器，高高在上排成扇形的是各式長劍，沿著牆圍成一圈的有長矛和各式短劍、匕首，和那優雅的氛圍形成了強烈的對比。

　　大廳另一側的建築是皇家宮殿（Royal Palace），1566 年 6 月蘇格蘭瑪麗女王（Mary, Queen of Scots）在此生下詹姆士六世（James VI）。這裡存放了蘇格蘭最古老的皇室冠冕及珠寶：權杖、寶劍與皇冠。皇冠是於 1540 年設計的，而權杖大約是在 1494 年由教宗亞歷山大六世呈獻給詹姆士國王四世。雖然歷經四、五百年的物換星移，但鑲嵌在皇冠上的寶石依舊閃亮動人。

　　城堡中的多數建築在 16 世紀的長期圍城（Lang Siege）事件中被毀，但也有少數建築倖存，其中最著名的便是建於 12 世紀早期的聖瑪格麗特禮拜堂（Saint Margaret's Chapel），這是愛丁堡最古老的建築，已被列入世界文化遺產保護。

　　出了城堡沿著皇家哩路逛去，另一頭的荷里路德宮是一座巴洛克式建築，曾經是

瑪麗王后的居所，見證了許多蘇格蘭的歷史事蹟故事，目前仍是英女王在蘇格蘭的皇室官邸。

史科特紀念塔

愛丁堡地標史科特紀念塔

除了城堡之外，另一處也是眺望愛丁堡市區的好所在。矗立在市中心的史科特紀念塔（The Scott Monument），深黑色如雕塑般的外型非常引人注目。這是紀念蘇格蘭 19 世紀最偉大的一位小說家兼詩人瓦爾特史科特（Sir Walter Scott）爵士而建，高聳的塔高 61 公尺，共二百八十七級台階，已有一百六十年的歷史。

雖然仰之彌高，但旅行才剛開始，我們自認為精力充沛，於是興匆匆購票入塔。這才發現其實高度不是問題，狹窄的樓梯才真正要命，我在爬樓梯時與下樓的遊客窄路相逢，就只好退至轉角處才能勉強擦身而過。不過一邊攀爬，一邊在環狀樓梯上以 360 度的視野眺望愛丁堡，也是一件非常賞心悅目的事。購票時拿到一張長 30 公分、寬 10 公分的卡片，正面印上高塔細緻的全圖，背面是結構和說明，這是我所見過最大、也最特別的門票，後來亦成為愛丁堡最獨特的紀念品。

東張西望意猶未盡

愛丁堡雖然不大，但短短幾天還是不夠用。我們攀上西邊的城堡向東看，再登高東邊的荷里路德公園及卡爾頓山丘（Calton Hill）往西望，其實就已經把愛丁堡一覽無遺。接下來幾天又到蘇格蘭皇家博物館和市郊的飛行博物館、植物園去翻尋了她的過去和現在，但藏匿在愛丁堡古老巷弄中的許多故事，似乎還是永遠挖掘不完，直到離開的時候都還意猶未盡呢！

☆愛丁堡軍操表演
（Edinburgh Military Tattoo）

是愛丁堡國際藝術節（Edinburgh International Festival）中最熱門的項目，每年 8 月份在城堡前舉行，約有二十多萬人前往觀看，一票難求。第一次官方軍操表演始於 1950 年，到目前為止已經有超過三十個國家在軍樂節演出，2007 年台北第一女中的樂儀隊也應邀至愛丁堡軍樂節表演。

鬼影幢幢愛丁堡

塗著陰陽臉的蘇格蘭士兵很搞笑（李炳煌 攝）

濛濛細雨中的愛丁堡大學

愛丁堡有許多這樣值得探索的死巷

5月中旬的某一天，我們從愛丁堡機場搭乘巴士進入市區，那是晚上近八點的時候，夕陽餘暉下，一棟棟中世紀石砌建築的玻璃窗閃閃發光，讓我們長途飛行的疲累一掃而空。這是個溫暖而耀眼的城市，我想。

但陽光城市的第一印象到次晨就改觀了。5月份的愛丁堡還是陰晴不定，沒有陽光也就罷了，有時還飄著綿綿細雨，讓整個城市蒙上一層灰黯淒清的味道。但後來也逐漸發現，這陰霾天氣和愛丁堡的氛圍其實很速配。怎麼說呢？就從「鬼」說起吧！

各種「鬼」行程

有人說愛丁堡「除了鬼之外，沒有別的」。擁有大約九百年歷史的愛丁堡城堡，是蘇格蘭歷史上最著名鬧鬼的地方之一。於是我和阿班入境隨俗，也興匆匆參加了一個叫做「鬼走路」（Ghost Walk）的團，一身黑衣褲、黑手套，外罩黑色長風衣打扮的導遊，

經濟學之父亞當·史密斯就葬在教堂後的墓園

一邊繪聲繪影講著鬼故事，一邊帶著我們穿梭在迷宮般的窄巷及幽暗的地窖之中，導遊低沉的男聲和手電筒光束下扭曲的面容，讓人毛骨悚然。當然，最後半個鬼也沒看到，一直到結束之後，我才恍然大悟：我們就是那花錢走路的鬼嘛！

可別說我們傻，愛丁堡大街上每天都可看到各種行程的「鬼團」，一個個導遊穿著怪異、唱作俱佳。最著名的去處是瑪麗金小巷（Real Mary King's Close），這條小巷深藏在愛丁堡皇家哩路地底下，是當時的黑死病患者被隔離和最終死亡的地方，經過了百年的塵封，近年才開放參觀。另外甚至還有一個團叫做「死亡墳場團」（City of the Dead Graveyard Tour），帶著膽量夠的遊客去逛墓園。

墓園裡的忠犬芭比

芭比的故事令人感動低迴

然而墓園裡也有溫馨的故事，在格雷飛爾（Greyfriars Kirkyard）的教會基地就有一座讓人徘徊再三的墳墓，裡面葬的不是人，而是一隻狗。故事是這樣的，19 世紀時，愛丁堡一位巡夜警察葛雷（John Gray）和他形影不離的伴侶：一隻灰色的蘇格蘭犬芭比（Bobby），在彼此相伴兩年之後，葛雷於 1858 年死於肺結核，並葬在格雷飛爾的教會基地。芭比守護在主人的墓穴上整整十四年不肯離去，直至牠

1872 年去世。

　　於是愛丁堡人決定，將芭比埋葬在牠主人的旁邊。同時為了紀念芭比的忠心耿耿，他們在墓園外的肯朵馬克街上，建了一座芭比的銅製雕像，背面就是格雷飛爾芭比酒吧（Greyfriars Bobby's Bar）。這個感人的故事後來被寫成小說並由好萊塢拍成電影，因此芭比足跡走過之地，就成了愛丁堡的觀光景點之一，芭比甚至還擁有自己的網站和部落格呢！

哈利波特誕生的大象茶屋

　　除了芭比之外，愛丁堡還孕育出另一個令全世界著迷的故事，那就是哈利波特系列。作者羅琳（J.K. Rowling）原是一位失業的單親媽媽，因為自家的屋子又小又冷，便時常到住家附近的一家咖啡館裡。她將女兒放在桌邊的嬰兒車上，就在女兒的吵鬧聲裡，把哈利波特的故事寫在小紙片上。十年不到的時間，她成為歷史上第一個收入超過 10 億美元的作家。愛丁堡市區的大象茶屋（Elephant House）就是她未成名之前埋首創作之處。我猜除了羅琳天生說故事的本領之外，愛丁堡地底下的世界，或許也給了羅琳許多天馬行空的幻想空間，讓她的靈感源源不絕。

　　愛丁堡除了鬼之外，巫術也是讓人又愛又怕的題材。找鬼不過癮的人還可以參加另一個團「巫之旅」（Witchery Tour）探祕，另外在老城街上也有一家「巫術餐廳」（The Witchery），是一棟三百多年歷史的建築，樓上還提供出租客房，不怕神鬼傳奇的人儘管放馬一試。

　　2008 年 11 月，美國「紐約時報」選出世界十大鬧鬼處，愛丁堡排名第三，這城市的鬼影幢幢可真不是蓋的。

巫術餐廳的招牌

★ 忠犬芭比
· 網站：www.greyfriarsbobby.co.uk

★ 格雷飛爾芭比酒吧
· 地址：34 Candlemaker Row, Edinburgh, Scotland EH1 2QE
· 電話：(0131) 2258328

★ 大象茶屋
· 地址：21 George IV Bridge, Edinburgh EH1 1EN
· 電話：(0131) 2205355
· 傳真：(0131) 2204272
· E-mail：contact@elephanthouse.biz
· 網站：www.elephanthouse.biz

★ 巫術餐廳
· 地址：Castlehill, The Royal Mile, Edinburgh EH1 2NF
· 電話：(0131) 2255613

★ 瑪麗金小巷
· 網站：www.realmarykingsclose.com

愛丁堡登山小健行

哈里路德公園

第一天抵達愛丁堡時，搭著計程車經過一座山丘，看見滿山遍野披著耀眼的金黃色外衣十分吸引人，於是我和阿班決定找一天去登山健行。

哈里路德公園

打聽之下才知這不俗的山丘果真大有來頭，它可是一座皇家公園，叫做哈里路德公園（Holyrood Park），又稱為皇后公園，在 12 世紀時曾是皇家狩獵場所。它的山腳下就是一座皇宮：哈里路德宮（Holyrood Palace），至今仍是英國皇室的官方宅邸，也是每年夏天英國女王的避暑之地。

皇宮平日也對外開放參觀，不巧我們去的那一天不是開放日。由皇宮側面就可以走到山腳，許多人在山徑上漫步，看似十分輕鬆，但等到自己走上去才發覺還頗有陡度，幸好我們兩人的球鞋、背包和水壺都齊備。

登高望遠，整個愛丁堡市區一覽無遺，而著名的城堡就轟立在城市的另一端。

哈里路德公園是由好幾座山丘組成，我們走著走著，以為峰迴路轉就可以登上稜線了，卻未料又出現另一座山丘，它的最高峰叫做「亞瑟的座椅」（Arthur's Seat），也是全愛丁堡的制高點。我們並未走完全程，但

高踞花崗岩上的愛丁堡城堡

登山可眺望整個愛丁堡

皇家哩路尾端的哈里路德宮

也不覺遺憾，旅行中能有一段小健行、縱覽全城景致，已經覺得很開心了。

最初吸引我前來的金黃色植物，原來是一朵朵鮮豔的黃色小花，整片地長在似針葉的灌木叢上，後查出她有一個很美的的名字：金雀花（Whin 或 Gorse），是西歐及西北非的原生植物。5、6 月在蘇格蘭正是盛放季節，所以後來我們一路上都見到她的蹤跡，原來蘇格蘭廣漠的大地在春光催化下，也有楚楚動人的一面。

在山上放眼遠眺時，除了城堡之外，最引人注目的是另一座山頭，上面有一整列類似羅馬石柱的建築挑起了我們的好奇心：「那是什麼呢？」「要怎麼去呢？」看似不遠，但不知其名，下山後要問路都很困難，好吧！那就先朝著大方向走去吧！

卡爾頓山丘

從哈里路德公園一路尋尋覓覓，終於給我們找到一條小路往另一座山去。這座山叫做卡爾頓山丘（Calton Hill），我從遠處望見的神殿建築，就座落在山頂上。

遠望十分氣派的神殿，近看卻是一座未完成的建築。這是在 1822 年興建的一座國家紀念碑，是蘇格蘭為了紀念在拿破崙戰爭中陣亡的將士而建。建築師依據雅典派特

農神廟的形式設計，但僅完成一側時就已耗盡經費，只好停工。

故事的精采處在後面，當愛丁堡無力繼續這個工程時，她的隔鄰城市格拉斯哥願意提供經費來完成，然而這項提議被驕傲的愛丁堡人拒絕了，因此愛丁堡國家紀念碑就以她的半側身軀，在高崗上佇立了一百多年。

後來這座未完成的神殿就被稱為「愛丁堡之恥」（Edinburgh's Disgrace）或「愛丁堡的蠢事」（Edinburgh's Folly）。但這果真是蠢事嗎？其實也不盡然，一百多年後這半棟國家紀念碑就因為它的奇特和故事性，反而吸引了許多觀光人潮。當我們爬上山崗時，就正好有一台遊覽車上來，這一團還特別請來了一組兩人樂團，穿著傳統蘇格蘭裙演奏蘇格蘭風笛，讓我們也沾光享受了一場高崗上的浪漫風情。

位在山丘另一側的斯圖爾特紀念亭（Dugald Stewart Monument），是紀念一位蘇格蘭的哲學家斯圖爾特，建於1831年，也採用古希臘的建築，使周邊建築都有一致的風格。

高崗上吸引人的不止是建築，登高可見四周開闊景觀。西面是市中心和愛丁堡城堡、北面及東面是北海，往南就是哈里路德公園和皇宮，所以不僅是觀光客，連本地人都喜歡上來看看風景、散散步。

這真是一趟趣味盎然的愛丁堡小健行。

未完成的神殿

小山丘也有大氣勢

愛丁堡洋娃娃

甜美又嬌嫩
的小女兒

Alfred 吃得津津有味

我們從愛丁堡下飛機後已是晚上九點多，立即搭上機場巴士到火車站，然後招一部計程車直奔初抵英國的住宿處。我們一路從機場搭車好似熟門熟路，其實都是主人家Denise早就在Skype上耳提面命的成果。

Denise 是一位開朗直爽的埔里姑娘，嫁到英國落地生根，生了兩個可愛的洋娃娃 Alfred 和 Amelia。這次多虧好友 Kevin 的介紹，我們在她家住了四夜。

英國小孩的上床時間是晚上八點，但 Alfred 知道有人從媽媽的家鄉來，興奮得不肯入睡，當我們享用 Denise 貼心幫我們準備的消夜時，他就在旁邊靦腆又好奇地看著。Alfred 有著很深的輪廓、大眼睛和紅撲撲的臉蛋，是個俊俏的小帥哥。他有一口濃濃的英國腔，說起話來像位英國小紳士，也能講不錯的中文，可見出媽媽的努力。

第二天早上看到 Denise 上完夜班的先生和小女兒，先生也是個帥哥，難怪一雙兒女都十分漂亮，小女兒尤其長得甜美又嬌嫩，像是一朵含苞的玫瑰，她還不太會說話，但是已經足夠擄獲我們的心了。

每天早出晚歸到處逛，在愛丁堡的最後一天，Denise 抽空開車帶我們到市郊的航空博物館參觀，兩個小朋友上車不久便睡著了，酣睡的小天使可愛極了，

陽光灑在她粉嫩的臉龐上，心愛的玩具布偶守護著小主人，窗外是一片鮮亮的油菜花田——這樣的情景，Amelia 在夢中都是甜的吧！

　　這天晚上 Denise 為我們準備了豐盛晚餐，親手烤雞、烤蛋糕，小兄妹也開心享用。只可惜當夜班的先生未能共餐，我們三人享用了一整瓶紅葡萄酒，美食美酒加上十分投緣的主人家，這一餐真是暢快！

　　飯後小帥哥的餘興節目是邀阿班伯伯玩撲克牌，他邊解釋邊示範如何玩法，兩位年齡相差半個世紀的男士居然也玩得不亦樂乎，真是服了他們！

　　有了這兩位可愛的洋娃娃，愛丁堡留給我們的記憶更加溫暖甜蜜了。

開飯了

配菜是烤馬鈴薯和各式蔬菜

被瓜分的烤雞

蛋糕也是女主人親手做的

蘇格蘭北方之城 音符尼斯

城堡現為治安法庭

河邊散步是很賞心悅目的事

這是一座位於蘇格蘭北方的小城 Inverness，一般都翻譯為因弗尼斯，但我喜歡稱她為音符尼斯。

她的音符非關聲音，而是來自一條穿越小鎮的河流、一座山丘上的城堡、一叢叢豔陽下迎風舞動的花兒、大片鋪滿山丘豔黃嫩綠的地毯，以及如詩如畫的夜景，就像一連串悅目動人的音符，組成了這個迷人小城。

山丘上的城堡

其實會到音符尼斯來原只是為了一探尼斯湖，從這兒到尼斯湖是一日遊的行程。我訂了兩晚的住宿，多留一天只為在地圖上的小城鎮尋幽探趣，事前沒有太多的規劃和期盼，卻帶給我和阿班驚喜連連。

到了預訂的民宿就覺得很開心，建築看起來頗新，附衛浴的房間乾淨清爽，離市街和河邊都是散步的距離，包括在住宿費的英式大早餐豐盛美味。還有在英國幾乎每家 B&B 房內都有的咖啡、茶包及幾塊小餅乾（還住過一家乾脆放上一整盒各式餅乾）。於是我們喝個簡單的下午茶，小歇一會兒，就出門閒逛去了。

小城故事離不開大小教堂

　　音符尼斯是尼斯河（River Ness）流入摩瑞灣（Moray Firth）時所形成的天然港口。從民宿走個幾分鐘就到了河邊，對岸山丘上一座城堡吸引了我們的注意，於是信步走過去，原來它是當地的治安法庭（Inverness sheriff court / justice of the peace court），建於 19 世紀中期，當時作為法庭和監獄之用。遠在 12 世紀時，這裡曾有一座城堡，由於音符尼斯是當時扼守蘇格蘭南北東西的兵家必爭之地，英格蘭、蘇格蘭軍隊在這

這樣的組合像是一片夢境

藍天下的教堂、鐵橋和尼斯河

夜色下的城堡

佇立在水岸的小屋不孤單

尼斯河的光雕盛宴

裡發生過多次戰役，新建城堡不斷地取代被戰火摧毀的舊城堡。

　　城堡可以入內參觀，可惜那時開放時間已過。我們繞到城堡後方，俯瞰小城一片寧靜祥和，很難想像在將近一千年前的景象：山丘上軍隊對峙，殺聲震天、炮聲隆隆；山下忐忑不安的居民擔心著城堡的旗幟是否易主？何時又將有新的統治者產生？幸好戰爭早已遠去，如今小城又恢復她的寧靜平和了。

夜色下享受光的盛宴

　　走下城堡沿著河邊散步，河的兩岸都有步道，跨越河道的小吊橋只供行人和腳踏車通行，加上美麗的教堂和處處盛放的花兒，在這裡隨意漫步都是一種享受。

　　晚上十點我們再度到河邊，還沒被夜色占據的天空剛剛轉成深藍，河邊的路燈已經迫不及待地點燃。山丘上的城堡在夜色、燈光和河水的烘托下，有一種特殊的神祕美感。溫暖的夜燈在水面上拉出一條長長的光柱，隨著水波蕩漾，尼斯河的夜景有如不停變幻的光雕藝術；而我們，就在夜色下享受著一場光的盛宴。

　　這是音符尼斯的履歷：她是英國最北邊的城市，也是蘇格蘭高地的首府。是歐洲人口成長最快速的城市之一，從 1997 ～ 2007 的十年之間成長超過百分之十，目前人口約七萬；生活品質在英國一百八十九個城市中排名第五。

　　對我們來說，完全用不著看這些數字，在音符尼斯閒逛的一天，就是一段非常愉悅的時光了。

info

★音符尼斯
· 交通：由愛丁堡或格拉斯哥搭火車約 3.5 小時可抵達。票價及班次可上網查詢。
· 火車：www.scotrail.co.uk
· 旅遊：www.inverness-scotland.com

尼斯湖找水怪

據說尼斯水怪是長成這樣子的

尼斯湖邊的住家讓人羨慕

尼斯湖、水怪和城堡組成難以抵擋的魅力

尼斯湖水怪傳說

　　許多人都聽說過尼斯湖的水怪，不論您信或不信，牠可不是無聊現代人杜撰的故事。這個傳說的歷史非常久遠，在 6 世紀的古書《聖哥倫伯傳》（Life of St. Columba）中，就已經有水中怪獸出現的記載。

　　而「尼斯湖水怪」（Loch Ness Monster）之名或 Nessie 的暱稱，來自於 1930 年代的英文媒體。至於當地人則以蘇格蘭高地的語言稱它為：「Uach Uisge」，意思是：「水中之馬」（The Water Horse）。

　　世人對於尼斯湖水怪的傳說和好奇一直沒有中斷過，1933 年時，一對夫妻聲稱親眼目睹湖中怪獸的出現，又引發了一陣搜索熱潮，直到現在尼斯湖每年仍吸引了數以萬計的觀光客，希望能一睹水怪的廬山真面目。一直到 40、50 年代，都曾有目擊紀錄。

　　我和阿班當然也懷抱著希望而來：說不定水怪對我們東方人有興趣，肯賞光露個臉，不小心讓我拍到一張水怪英姿，嘿嘿！那可就不得了囉！

尼斯湖畔一景

我們從音符尼斯開車約 20 多分鐘就見到了尼斯湖，一路沿著湖邊行駛，放眼望去遠山近水、遍野金黃色的金雀花，以及山水間錯落的灰瓦白屋，真是一段十分賞心悅目的旅程。

遊湖尋水怪

到了尼斯湖，我和阿班迫不及待地去搭船，那艘小船的名字是「尼斯獵人」（Nessie Hunter），看來是一個好兆頭。船老大也就是小巴士的司機，在此又身兼導遊，一邊駕駛，一邊滔滔不絕地介紹，我們則在甲板上極目搜尋，廣闊的湖面十分平靜，除了這艘船激起的漣漪之外，看不到絲毫異狀。

尼斯湖是一座十分狹長的湖，長約 40 公里，寬僅 3 公里，面積 56.4 平方公里，是蘇格蘭和英國境內面積第二大的湖泊。湖水最深處達 226 公尺，水量比英格蘭和威爾斯所有淡水湖泊總水量還多。水質因大量的浮藻顯得非常渾濁，能見度極低。所以說水怪如果不肯探出頭來，即使潛到水底搜索也不容易發現它的蹤跡。

我們當然不可能潛水，但是想想 6 世紀到現在，Nessie 豈不是已成了千年水怪？或者，另一個可能是它有後代子孫？但這就表示至少有雌雄兩個個體才能繁延後代，那尼斯湖水怪是有一整個家族存在嗎？這實在是個有趣的問題。

船行近 1 小時，在尼斯湖上繞了一大圈，Nessie 姥姥、爺爺或寶寶一個都沒露面，我們只好悵然返航，不過飽覽了山水之美，也算是不虛此行了！

可愛版的小水怪

水怪蹤跡出現

兩個月之後，一名住在英國諾丁漢的保安員寇克，利用 Google Earth 在網路上搜索相關的衛星照片。結果真的被他搜索到水怪的影像了！這個浮現在尼斯湖的影像，長約 20 公尺，是一個橢圓形的物體，有尾巴及四肢（或是鰭足）。一些專家相信，尼斯湖水怪應該是蛇頸龍（Plesiosaur）。這是一種本來應該已經絕種的水中生物，外型跟這次從 Google Earth 中擷取的影像相似，這也是目前證明尼斯湖有水怪存在的最「具體」證據。

而我的想法是：其實 Nessie 是被我們千里迢迢而來的誠心所感，想要出來打聲招呼的，只是這種古生物接收訊息的腦袋和眼睛感應有延緩的現象，姍姍來遲，所以跟我們錯過了！不論如何，我還是很高興看到這則消息，讓這故事有個圓滿結局。而且，雖然沒見到活生生的水怪，但我們還是跟守護湖畔的 Nessie 祖爺爺親自打過招呼，也盡了遠道拜望之禮。

Nice to see you, Nessie!

★尼斯湖
· 交通：全國性的巴士公司如 Meqabus、Citylink、National、Express 和 Stagecoach，皆可從各主要城市到達尼斯湖。查詢火車、巴士及渡輪之班次及票價：Travelinescotland.com，電話：(0871) 2002233。
· 遊湖：可到當地直接搭船，或是從 Inverness 參加一日遊的旅遊團到尼斯湖，有各種不同行程搭配。網址：www.jacobite.co.uk，電話：(01463) 233999。
· 旅遊資訊：www.visitlochness.com

info

尼斯湖畔的廢墟
厄克特城堡

城堡最左
邊是 Grant
Tower

Grant Tower
的地下室

Lord & Lady

Grant Tower

城堡目前所見的建築大都
是 John Grant 爵士所建

話說我和阿班兩人興匆匆地去尼斯湖尋水怪，船過一巡後平靜的湖中仍是無影無蹤，此時我的注意力已被另一個景象吸引，那是湖邊山坡上的一座城堡廢墟，城牆大都已傾頹，但一種被歲月磨蝕過後的滄桑卻特別吸引人。

令人感動的遺跡維護

這次的英國之旅我沒有做太多的細部規劃，行程大致排定後，到當地就一切隨興。雖然也有錯過某個地方的扼腕之憾，但也常會有意外的驚喜，就像這種未預期的「發現」，便讓人興奮莫名。

到了門口仔細看，才知這是有千年歷史的厄克特城堡（Urquhart Castle）遺址。買票進入後，大廳左邊是一個放映室，播放介紹城堡歷史的影片。

厄克特城堡的起源和興建在歷史上並不是很明確，可能可以追溯到 6 世紀蘇格蘭原住民皮克特人（Picts）所建的堡壘，而城堡本身可能於 13 世紀由德渥得（Durward）家族所建。英格蘭王愛德華一世在 1296 年時占領了這座城堡，之後在 13 ～ 17 世紀的五百多年歷史中，厄克特城堡充滿了權力鬥爭的血腥戰爭。城堡的所有權之後經過多次轉讓，直到 2003 年

搭船來的團體由此上岸參觀

才由 Eila Chewett 捐給了蘇格蘭國家信託（National Trust for Scotland）作為歷史古蹟景點，此後也成為蘇格蘭國家信託所有城堡中第三忙碌的景點。

影片放映完畢螢幕升起，後方環狀落地窗外，出現了一座城堡。這一幕非常具震撼力，好似活生生的歷史就由螢幕上直接走到觀眾眼前。

這也是我觀察英國對待歷史遺跡的感受：良好的維護管理、以各種方式把人類的遺跡和現代接軌等，讓歷史融入生活教育和學習的一環。英國人尊重歷史的態度和方式，令人十分感動。

我們從大廳旁的一條步道進入城堡區，首先映入眼簾的是一座木製炮台，型式非常古樸簡單，有著四個輪子的木架撐起一支長長的木頭炮管，地上放著四個圓石就是炮彈了。有點像卡通影片「摩登原始人」的攻擊武器，非常有趣。

☆蘇格蘭國家信託
（National Trust for Scotland）

國家信託是一個由政府成立、營運自給自足的獨立組織。信託資金主要是來自捐款、遺產、獎助金和會員費。任務是保護和提升蘇格蘭的自然和文化資產，以讓未來子孫能享受這些重要資產。英國的國家信託（National Trust）是歐洲最大的歷史文化保護組織與慈善團體，服務範圍涵蓋英格蘭、威爾斯和北愛爾蘭。而蘇格蘭國家信託，專賣服務蘇格蘭之文化遺址。目前國家信託管理超過三百五十座歷史建築、花園、紀念碑、自然保護區及公園。

罕見的廢墟城堡

座落在尼斯湖畔的厄克特城堡，擁有絕佳的景觀位置。

在城堡的房間曬太陽，這種機會不多

雖然城牆已經傾頹，屋瓦也都不復存在，但面對壯麗的湖泊，回歸自然的城堡反而更能融入環境當中。城門、塔樓、地下囚室和教堂經過一定的維護，仍可貼近它揣想原來的樣貌。參觀古堡大概很難有這樣的經驗吧！頭頂著藍天、腳踏綠草地。尼斯湖上小船輕輕划過，一群旅遊團站在露天的塔樓上遠眺、一對銀髮老伴倚著半邊城牆享受湖景和微風、兩位中年男女靜坐在長椅上曬太陽、一群又笑又鬧的學生爬上城樓……厄克特城堡的鮮明印象就這樣一一串連起來。

開敞的廢墟在恆古不變的天地和山水之間，成為一個無言的見證，一切的爭奪和戰爭都隨著時間流逝而煙消雲散。也許，在湖中千年鄰居尼斯水怪的眼裡，城堡中人類的爭奪，不過像是牠嘴裡冒出的一個小小泡沫，浮出水面立即就消失無蹤了。

我們在英國參觀的許多城堡當中，厄克特城堡是少見的一座廢墟城堡，看不到雄偉的外貌及華麗的廳堂迴廊，但它還原在天地之間的樣貌，卻讓人感受至為深刻。

info

★ 厄克特城堡

· 門票：成人£7.2，兒童£4.3。
· 開放時間：全年開放（每周 7 天），每天固定 9:30am 開放。
· 關閉時間：因季節而異，4～9 月為 6:00pm，10 月為 5:00pm，11 月至隔年 3 月底為 4:30pm。
· 電話：(01456) 450551
· 官網：www.undiscoveredscotland.co.uk/drumnadrochit/urquhart

迷霧中的島嶼
斯開島

廣漠大地上散落著
黑瓦白牆的房舍

通過這道
白色長橋
便進入斯
開島

小村莊的可愛招牌

穿過一座優雅的白色拱橋，阿班載著我從蘇格蘭高地進入了斯開島。轉個彎眼前出現的一幅景致，讓我們停住了車。一大叢豔黃色金雀花後方，一條小路蜿蜒延伸至遠處朦朧的山邊，山坡地錯落的房舍、草地上悠閒的牛羊，以及低垂濃厚的雲層，讓這一方小世界顯得更加遺世獨立。我不禁深深吸了一口氣：迷霧之島，我們來了！

英國最浪漫的島嶼

斯開島（Isle of Skye）是蘇格蘭最大的島嶼，在蘇格蘭蓋爾語（Gaelic）中意思是「迷霧中的島嶼」（Island of Mist）。她有耀眼的白色沙灘和引人入勝的山脈，被稱為英國最浪漫的島嶼，世界地理雜誌選為世界排名第四的最好島嶼。

一路行來，斯開島的神祕面紗漸漸揭開。這座蘇

地形和天氣都多變，也是特色之一

格蘭西北方的斯開島，有著英國最富變化的景觀，包括崎嶇的火山高原、冰雪侵蝕的庫林山巔（Cuillins）和連綿不絕的海灣。車行在一望無際的山巒起伏和湖水峽谷之間，讓人感受到天地的開闊，以及人與自然共存的和諧之美。島上除了首府波翠（Portree）之外，大多是人煙稀少之地。但斯開島最吸引各地訪客的也正是她的自然風光，島上最美的景致都需靠雙腳徒步才能欣賞，所以也成了健行和騎自行車的天堂。

我們沿著西海岸一路北行，發現在斯開島的路上不容易見到人，反而是常有牛羊成群自在悠遊。不知是不是為了適應天氣長年偏低的緣故，這裡的動物有一個特色就是毛髮特別濃密。第一次看見長髮披肩的馬兒，我忍不住哈哈大笑，實在太可愛了。一直有個衝動想把牠的「頭髮」束成一把馬尾（正港的），因為它幾乎快遮住了馬的

雲層濃密，好在花兒笑得燦爛

高地牛披了一身長毛保暖

雙眼，讓馬兒常需要甩開它，就像長髮女孩甩髮的模樣，只是高頭大馬當然甩不出小女子的旖旎風情啦！

最特別的是島上的高地牛（Highland Cattle 或 kyloe），牠們在蘇格蘭高地已經居住了好幾百年。遠看毛茸茸的身體很容易誤認是綿羊，近看前額垂下的瀏海也半遮著眼睛，非常有趣。這種牛體型比一般牛隻大，但是臉上看來很溫和，尤其透過茂密瀏海的眼神楚楚動人，讓我忍不住想伸手去摸摸，一瞥見尖銳的牛角又趕緊縮回。這種牛的特徵是長長的牛角、長波浪狀的毛茸茸外套，肉質往往比一般牛要瘦，原來高地最厚的絕緣層是牠蓬鬆的毛髮，而不是皮下脂肪。

海灣間的斯坦小村

☆斯開島

地形狹長南北長約 50 公里，外形像一隻蠍子般頭頂兩隻大螯左右伸展。面積 1,600 多平方公里，將近台灣的二分之一，但人口還不到一萬。斯開島首府為波翠，有美麗的海灣和整潔的街道。街上有旅館、餐廳、博物館、藝廊、超級市場，以及旅客服務中心。大部分的交通工具，如巴士和可供包車的計程車、休旅車都由此出發。

參觀完了八百年歷史的多維根古堡（Dunvegan Castle）和花園，天色仍然透亮，於是我們繼續往前探索。閒閒地開著車，張望著遠方起伏山脈和路旁草原散落著黑瓦白牆的小房子，真是看它千遍也不厭倦。突然公路下方一個凸出的半島吸引了我的注意，一個迷你小村莊座落在海灣間，像是神

話故事般的畫面,十分迷人。

　　這小村子的名字是斯坦(Stein),迷你到只有一條小街,街上掛著一些小酒館和小客棧的招牌。這時天氣已經頗有涼意了,小街靜悄悄地沒半個人,美麗的風景和安靜的村莊,正合我意!剛好我們也已經到了該準備「日晚將投宿」的時分,於是我跟阿班商量:「今晚就住這裡吧!」

　　推開小酒吧厚重的木門,一股溫暖的氣息撲面而來,竟然裡面滿滿的都是人。看來不妙,一問之下果真沒空房了。我不甘心就此罷手,於是一家家推門詢問,結果所有的房間都客滿,這才注意到我們又遇上周末的熱門時段。噫!真是沒緣分!不過這一個轉折,也讓我們當晚意外找到另一個令人驚喜的民宿。

　　對於這樣一個迷人的地方,我們唯一的遺憾是:

　　　　時間不夠用。

ISLE OF SKYE
斯開島

Uig
由克

Dunvegan
多維根古堡

Portree
波翠

Kyleakin
凱里肯

小街靜悄悄的,室內卻是人聲鼎沸

意外尋得景觀極佳的民宿

★斯開島
・交通:從蘇格蘭通往斯開島的出入口 Kyle of Lochalsh 可搭巴士到島內,或是搭渡輪從 Kyle of Lochalsh 到對岸的 Kyleakin。也有巴士從蘇格蘭的格拉斯哥及音符尼斯開往斯開島。
・官網:www.skye.co.uk/index.html
・The Isle of Skye:www.ealaghol.co.uk
・住宿:www.scottishaccommodationindex.com/isleofskye.htm
・島內租車:www.skye-car-rental.com
・租機車:www.skyemotorcyclehire.co.uk
・公車:www.stagecoachbus.com/highlands
・渡輪:www.skyeferry.co.uk

首領之家　多維根古堡

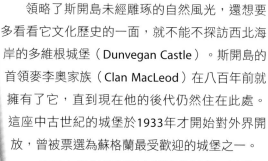

多維根城堡的典雅書房

端著盤子的女僕令人吃驚

　　領略了斯開島未經雕琢的自然風光，還想要多看看它文化歷史的一面，就不能不探訪西北海岸的多維根城堡（Dunvegan Castle）。斯開島的首領麥李奧家族（Clan MacLeod）在八百年前就擁有了它，直到現在他的後代仍然住在此處。這座中古世紀的城堡於1933年才開始對外界開放，曾被票選為蘇格蘭最受歡迎的城堡之一。

　　這座在海岸線岩層上興建的城堡，具堅固的防禦功能。她也是蘇格蘭一頁活生生的歷史，是一座持續有人居住的最古老城堡，從 13 世紀到現在為止，麥李奧家族已經在城堡中居住了二十九代。到現在仍是麥李奧後代的家，城堡內部除了傳統的木製家具之外，也有一些現代化的廳堂。

謎樣的「仙女旗」

大廳窗外的景觀數百年未變

　　多維根城堡有很多珍貴的家族遺產，其中最重要的一項就是「仙女旗」（Fairy Flag）。關於這面旗子的由來，在古老的傳說中有一個童話般的愛情故事。故事描述某一代的麥李奧曾在森林中遇到一位美麗的仙女，她允諾和麥李奧共同生活一段時間，當期滿後她準備離開時，那位麥李奧依依不捨

地緊抓著仙女的披肩不放，最後仙女還是走了，而那披肩此後成為麥李奧家族在戰場上不敗的旗幟，現在這殘破的旗子成了家族珍藏的寶物。

不過這個仙女的故事恐怕很難得到印證，比較有關聯性的，反而是一點也不浪漫的十字軍東征。據考證這件紡織品是來自中東的絲綢，專家確認它是 4～7 世紀之間的產品，換句話說，至少為第一次十字軍東征的四百年前。所以它有可能是早期基督教聖徒的袍子──是十字軍東征攜回的戰利品呢？或是在 11 世紀出兵，並戰死在英國的挪威國王哈洛德（Harold Hardrada）的戰場旗幟呢？或者，它就是這樣神祕地出現在斯開島的綠色山丘上？沒有人知道答案。

城堡中的地窖與花園

城堡中我最感興趣的是兩個地方，一是地窖，另一個是花園。

城堡內的地窖是古早關犯人的地方，到現在還保留著古蹟原貌。我們透過層層鐵欄杆向內窺伺，裡面關著穿古代服飾的假人，不時還傳來犯人呻吟的聲音，令人毛骨悚然。當我轉過身來，突然一位端著盤子、面無表情的侍女在樓梯上出現，嚇得我差點驚聲尖叫──唉唷！原來又是一個假人。

在小碼頭享用野餐十分愜意

　　據說從多維根城堡窗戶望向花園的景觀，歷經數百年都未曾改變。這是 18 世紀時布置的花園，大量的種植和美化使當時的人及後代子孫都能享受和欣賞。花園後面還有好幾公頃的林地，這在幾乎是荒原和山地的斯開島上，是很難得的一片綠洲，花草樹木在這裡不但能夠存活，而且綠意盎然，除了非凡的園藝人員之外，城堡還有一個祕密武器：就是在墨西哥灣暖流上的絕佳位置，讓這一塊土地獲得了滋潤。

　　這也就是多維根城堡和其他城堡最大的不同，不只有一片綠草地來烘托的城堡，城堡公園本身就是一片獨立的景致。渾然天成的花園曲徑和瀑布溪流匯聚成波光粼粼的潭水，都十分引人入勝，但最讓人回味再三的還是那可以坐著發呆、享用野餐的小碼頭，和沿著沼澤從各個角度環看城堡的步道，以及光影映照在鋪滿藍色風鈴草的林間小徑。讓這座歷史久遠的首領之家顯得非常平易近人。

　　在蘇格蘭最重要的歷史性城堡中，多維根城堡是受到高度重視的一座，因為她除了有八百年的居住歷史之外，還有每一代因使用需求的建設，因此來探訪她除了看歷史遺跡之外，更可以觀察從生活中自然發展出來的城堡住宅，這才是她最具魅力之處。

★ **多維根古堡**

· 交通：從首府波臬可搭巴士 No.56 抵達，約需 40 分鐘。
· 門票（城堡及花園）：成人£9，兒童£4.5。
· 開放時間：4 月 1 日至 10 月 15 日 10:00am ～ 5:30pm，新年及聖誕節關閉。
· 注意事項：城堡內部不可拍照。
· 多維根城堡：www.dunvegancastle.com
· 麥李奧家族：www.clanmacleod.org

※ info

小小瀑布帶來陣陣清涼意

花園中溪水淙淙、生機盎然

綠草、綿羊及城堡，美景天成

城堡後方迷人的海灣

蘇格蘭高地之門　威廉堡

湖水清澈見底，碼頭邊就可釣魚

尼維斯山附近的二戰官兵紀念碑

威廉堡（Fort William）是一座蘇格蘭西部小鎮，卻也是高地上的最大城鎮，以及蘇格蘭低地進入高地的門戶，因此被稱為「蘇格蘭高地之門」。鎮上有蒸氣火車通往電影「哈利波特」的場景，又是英國最高山尼維斯峰（Ben Nevis）所在，因此我們計畫在小鎮住一晚，搭乘一趟蒸氣火車、去山上走走及逛逛小鎮。結果威廉堡太吸引人，一晚延為兩晚。

享用英式大早餐

纜車上山再登往小丘眺望山水全景

我們前一天從斯開島出發，中午過後就抵達了威廉堡，朋友推薦的民宿已經客滿，我和阿班拿出背包客的精神邊走邊找，看到順眼的 B&B 而且掛出 VACANCIES（有空房）牌子的，就直接推門詢問。不多久就找到價錢和景觀都令人滿意的民宿，把車停妥，行李搬入房間，一切搞定。

這一路行來我們早已習慣豐盛的英式大早餐，那可是我和阿班一天精力的來源，但威廉堡的第二天見

威廉堡周邊處處有山水之美

到早餐桌上的食物還是很令人意外，民宿老先生準備的早餐更加「澎派」，滿滿一大盤的蛋、培根肉、香腸、番茄、蘑菇之外，竟還有牛角麵包（一般都是吐司麵包），老阿伯不但手藝不錯，也很不吝嗇呢！

我們邊享用早餐邊和鄰桌一位荷蘭男孩聊起來，他從阿姆斯特丹搭機到愛丁堡，然後一路獨自徒步旅行英國，這讓我大吃一驚，問他為什麼選擇這麼辛苦的旅行方式？他說原本在科技業工作，但因不景氣被裁員，徒步旅行一方面是節省花費，另一方面他需要在獨處中思考自己的未來。哇！這年輕人真令人刮目相看。

眺望山水大全景

雖然天氣有些陰晴不定，我們還是早早到纜車站，去搭乘大不列顛唯一的高山纜

山上景觀十分遼闊

車到尼維斯山脈（Nevis Range）。纜車爬升到 650 公尺高度的 Aonach Mor，約需 15 分鐘。上面有兩條不同方向的步道，我們先往一座小山丘走去，登高望遠，一幅山水大全景展現在眼前。近處有整片蒼鬱的里納群森林（Leanachan Forest）、往北看是曲折有致的洛克湖（Loch Lochy）和大峽谷，如再往北走就可到尼斯湖了。洛克湖畔有一座村莊，或聚或散的房舍為這個夢幻般的景致增添了凡間氣息。

再往另一條步道去探探，天空開始有些烏雲密布，風雨欲來在山上可不是好玩的，我們加緊腳步，但走到一半雨還是嘩啦啦地下起來，馬上感覺氣溫驟降，背包裡的手套、圍巾、帽子全都出籠，仍舊難以抵擋刺骨寒氣。好在山上的雨來得急也去得快，驟雨過後藍天又探出頭來。我心中暗想，還好我們沒去尼維斯峰，聽說冬天會凍死人的，我真的相信。

這一條步道沿路可以看見不遠處積雪的山頂，6 月的白雪依然不會完全融化。這頭一大片坡地就是冬天的滑雪場，一整排滑雪用的纜車座椅掛在鋼索上，黑色剪影構成了一幅簡潔俐落的畫面。回頭看一片枯黃蕭瑟的草地上，蜿蜒的步道就像是隨意畫在大地上的一條細線，而走在上面的人，更是如螻蟻般地渺小。步道盡頭可以看到一座林尼湖（Loch Linnhe），以及積雪的高山和潺潺澗水，又是另一番迷人景致，只是經過一場雨凍得我手腳發麻，還是趕快往回走為妙。

如詩如畫的鄉間小路　　部分積雪融化成潺潺流水

山地自行車降坡道

　　坐在山上咖啡館的戶外座椅，喝一杯熱呼呼的茶，凍僵的雙手和心思又開始暖和起來。舉目四望發現許多腳踏車騎士聚集在一個小小的平台上，然後一個接一個往下衝刺。他們沿著一條又陡又彎曲的小徑直衝山下，看起來令人膽戰心驚，原來這裡還是世界級的山地自行車降坡道（Downhill Mountain Bike

單車騎士準備陡坡衝刺

Track），2001 年第一屆山地自行車世界盃賽就在這裡舉行。細看每部纜車後方都有掛載自行車的設計，所以這些年輕人衝到山下後再帶著車子搭纜車上來，然後又一次次的衝

刺，玩得不亦樂乎。難怪這裡除了每年一個月的固定維修期之外，一年四季都開放，把大自然的賜予做了最好的運用。

　　在這個號稱「英國的戶外首都」，我們發覺了更多和大自然共處的樂趣，成為威廉堡留給我們最鮮明的回憶。

info

★威廉堡

· 纜車站：威廉堡之北 11 公里處，小鎮有巴士可抵達，亦可步行或騎車由步道前往。
· 威廉堡：visit-fortwilliam.co.uk
· 尼維斯山脈：www.nevisrange.co.uk
· 威廉堡旅遊詢問處：guide.visitscotland.com
· 地址：15 High Street, Fort William, Lochaber, PH33 6DH, Scotland
· 電話：(0845) 2255121

★西部高地歷史博物館（West Highland Museum）

· 官網：www.westhighlandmuseum.org.uk

跟著哈利波特去旅行

霍格華茲列車曾通過這座
著名的橋（李炳煌 攝）

我們到威廉堡的目的之一就是想搭乘蒸氣火車，一探電影「哈利波特」中的場景。

每年夏季，從威廉堡到蘇格蘭西海岸的梅萊格（Mallaig）之間就會營運一條蒸氣火車（The Jacobite Steam Train）旅遊路線。這條路線全程近 68 公里，在 2009 ～ 2010 年都被雜誌票選為「頂級火車之旅」（Top Railway Journey）。到目前為止這輛蒸氣火車之旅，已經持續了二十八年，沿途可以欣賞到蘇格蘭高地的美景，以及許多罕見的野生植物。

站務員正在等候魔法學校的
列車嗎（李炳煌 攝）

闖進桃花源祕境

經民宿主人告知蒸氣火車一天只有一班，我們放下行李第一件事便是去買票。但到火車站才知道火車已經在早上開出，要預購明天的票也不成，因為蒸氣火車是由另一家公司經營，必須上網購票。這下可好了，住的民宿不能上網，而在英國並不是隨處都有地方可以上網的。

售票人員建議我們，可以考慮改搭蘇格蘭鐵路（Scottrail）的普通列車，路線完全一樣。還有蒸氣火車往返的票價是 31 英鎊，普通車是 11.6 英鎊，幾乎是三分之一呢！最重要的，普通車一天往返好幾

普通列車座位清爽寬敞

哈利波特開著飛天車在這裡追逐火車

班，這樣我們當天就可以搭火車了。

在旅行當中極富彈性的我們，想想雖然沒搭上蒸氣火車，但沿途的美景不會打折，當然還有不變的電影場景等著我們呢！於是二話不說，買票上車。

火車出了小鎮沿著湖泊行駛，一路上映在車窗上的山和湖，就像相機的觀景窗一樣，不斷變換著景色。看著恆古以來就在那兒的整片山、湖和綠色的無人世界，我們像是闖進了一個桃花源祕境，連呼吸都不由得輕緩下來。突然玻璃窗上灑下了串串雨滴，遠山近水就像是加了一層霧鏡，又像是渲染過的淡彩，朦朧之中仍另有一種清新秀麗。

火車經過尼維斯峰進入山區，接著穿過一座著名的二十一孔拱洞高架鐵道橋（Viaduct），這是霍格華茲列車出現之處，也就是電影「哈利波特」第二集中，榮恩衛斯理與哈利波特開著飛天車在高架橋追逐火車的那一段。高架橋的另一邊向著高山環抱的西爾湖（Loch Shiel），正是哈利波特騎著掃帚時所見到峽灣般美麗的景色。列車過了高架橋就進入葛倫芬南（Glenfinnan）站，我突然瞥見小站月台佇立著一位披著黑色斗篷的站務員，恍然覺得騎著長掃帚的小哈利隨時都會「咻」地一聲出現在眼前。

蒸氣火車的座位比較復

哈利波特曾在西爾湖騎天掃帚

要不要聞一下我香香的靴子

巧遇「小妙麗」

　　當我還沉浸在幻想之中，忽然間女主角妙麗出現了，她綁著一雙小辮子笑咪咪地望著我。不對，是一位金髮小女孩提著一隻小靴子遞到我的眼前，哈！這個小可愛我上車時就已經注意到她了，小女孩隨著媽媽一起搭車，她似乎愛極了自己的那雙褐色小馬靴，不時脫下來把玩欣賞。這會兒她也許認為我會是她的知音，因此把小靴拿到我面前邀請我聞嗅一番。差點笑翻的我，就慎重其事地為她拍下一幅「女孩與靴」，這……也算是知音了吧！

　　經過一連串的湖泊之後，火車到了海岸線，高地上天氣變化很快，窗外的景色又是不同，濃密的雲層幾乎貼上了海面，雲隙間一抹金光灑在雲及海交會處，灰暗詭異中又顯出光明在望，莫非是魔法學校的校外訓練？

　　終點站梅萊格是一座可愛的小漁港，小港灣依山傍水停著漁船和小遊艇，也是一幅美好畫面。從這裡可以直接搭渡輪到斯開島，所以也有人從斯開島一路玩過來，由此搭火車去威廉堡。

「瞻仰」著名的蒸氣火車

　　火車停留約 30 分鐘後，我們搭原車返回威廉堡。陣雨過後太陽又探出頭來，哇！

威廉堡月台的蒸汽火車蓄勢待發

蒸氣鍋爐火燒得正旺

竟然有彩虹出現了！在舞台背景不斷變化之下，這場彩虹秀持續了 10 幾分鐘，這是我們第二次在蘇格蘭看到彩虹了。這趟火車之旅，真讓我們有頂級的享受和心滿意足。

　　第二天去尼維斯山脈之前，我們還是特意跑到火車站去「瞻仰」一下這著名的蒸氣火車。只見停在月台邊的一部大機車頭噴著氣蓄勢待發，許多火車迷已在車頭前欣賞及拍照。我湊到車門邊想一窺蒸氣火車的鍋爐，駕駛艙裡好心的師傅見狀招呼我進去，我也就不客氣地擠進那狹小的空間。見我舉起相機，師傅很高興地打開鍋爐蓋讓我拍照，其實我真正想拍的是他：一位駕馭這龐然大物、並開心分享工作樂趣的人。

雨後彩虹從天而降

　　雖然沒有冒著煙的蒸氣相隨，跟著哈利波特的火車之旅，還是讓我和阿班都很盡興，這一路的風景非常令人回味，何況，還有緣結識引我為知己的小妙麗呢！

★ 蒸氣火車
·蒸氣火車網路購票：www.westcoastrailways.co.uk
·電話：(01524) 737751、737753
·票價：標準車廂成人往返 £31、單程 £26，十六歲以下往返 £17、單程 £16。
·班次：2012 年一天兩班，從威廉堡開出 10:15am、2:45pm，從梅萊格開出 2:10pm、6:40pm。
·營運期間：2012 年行車時間 5 月 14 日到 10 月 26 日周一至五，6 月 25 日到 8 月 28 日加開周六及日。
·備註：當天火車如有空位也可在車站當場購票，唯不能保證有票。下午火車班次僅 6 ～ 8 月行駛。

小小羊兒要媽咪

各色蘇格蘭綿羊

胖呼呼的黑綿羊

毛髮蓬鬆的美麗羊媽媽

迷途的小羔羊

在蘇格蘭旅行最常看到的景象之一，就是成群的羊兒在大片翠綠的草原上踱步，這樣清新的空氣和廣闊的天地之間，悠閒自在的蘇格蘭羊真是讓人羨慕得緊呢！

這一天好像有點兒不一樣，草原邊只有一隻孤單的小羊兒。牠朝著路邊跑過來，突然發現這一群觀光客不是牠的同類，似乎一下子愣住了。又趕緊往回奔，心慌意亂之下，開始「咩——咩——」地叫了起來。

小小羊兒向右跑一小段，又回頭往左跑一小段，來來回回五六次，叫聲也越來越急促，完全感覺得到牠的慌亂和害怕。原本閒散看風景的遊客全都被牠叫過來了，許多女人的母性被喚出來，都幫著替牠叫：「媽咪！媽咪！」

媽咪還是沒出現，我望見有一群羊在遠處，這麼淒厲的叫聲做媽媽的應該不過錯過啊！我暗想：羊媽媽想必知道牠的寶寶在安全的環境裡，這回只不過是要給這個老愛亂跑的小丫頭一個小小的教訓吧！

最後小羊還是決定靠自己，從來時路尋去，原來媽咪就在原來的地方等著牠。

蘇格蘭綿羊的品種應該很多，我們一路上見到了全白的、全黑的、白臉黑身體、黑

蘇格蘭的迷人景色

臉白身體、黑臉黑腳白身體、還有耳朵前黑後白的，有時還見到白媽媽帶著黑頭黑尾黑角的一群小羊散步，看得我眼花撩亂。羊兒一隻隻毛茸茸、胖嘟嘟，極為可愛，遠望好像在一片綠草地上一團團的毛球，走靠近被羊兒發現時，牠會動也不動直愣愣地瞧著你，我好幾次和白臉、黑臉不期而遇對望良久，始終猜不透牠們在想什麼？

桃莉羊的故鄉

圓滾滾的白綿羊

　　這蘇格蘭的白臉黑臉羊還有另一種非凡的組合，那就是全世界最著名的桃莉（Dolly）羊。不平凡的身世在於牠沒有爸爸，是由三位媽媽合力製造出來的。其中一位媽媽為白臉的芬多賽特（Finn-Dorset）羊，由她的身上取出了桃莉胚胎中的乳房細胞。另一位媽媽黑臉蘇格蘭羊，捐贈出小桃莉胚胎的卵細胞。最後一位媽媽也是黑臉蘇格蘭羊，是小桃莉的代理孕母。就是有這三位媽媽合作無間，造就出了白臉芬多斯羊桃莉。桃莉後來生育過三胎共六隻小羊，2003 年她六歲時罹患肺炎最後以人道毀滅，遺體現存於蘇格蘭博物館。

　　桃莉的故事在科學上有其重大意義，牠的創造者愛丁堡羅莎琳研究所（Roslin Institute）的艾恩魏爾邁（Ian Wilmut）、凱斯坎貝爾（Keith Campbell）在研究領域上也有著驚人的突破，但在以自然取勝的蘇格蘭有這樣不自然的產物，對我這駑鈍的人來說，就好像看到白臉黑臉羊一樣，想不通！

　　我想著，如果小小桃莉在草原上叫媽媽的時候，會有三位媽媽等著牠嗎？或者，一個也沒有？

英格蘭

England

初遇英格蘭

城堡內參加
活動的小朋
友（李炳煌
攝）

進入英格蘭的「國界」了

尋尋覓覓得來不易的房間

在愛丁堡經過跟租車公司一番折衝（見「英國租車波折多」），終於如了阿班的願取得自排車上路，接著在自備的導航器失靈下，靠著紙本地圖也一路平安抵達首站音符尼斯（Inverness），又一路過關斬將橫行蘇格蘭高地。還在洋洋得意之時，沒想到車子剛進入英格蘭，就全破了功。

蘇格蘭與英格蘭的邊界

蘇格蘭的最後一站原訂為格拉斯哥，但一來沒有GPS護航，讓我們對於進入都市的車陣心生恐懼；二來城市旅遊對我們的吸引力原本就不大，因此當下決定捨棄格拉斯哥，直接進入英格蘭找個小鎮住宿。

我們沿著 A1 公路從蘇格蘭進入英格蘭，看見公路兩旁分別豎立著蘇格蘭的藍十字和英格蘭的紅十字國旗，原來這就是兩地的邊界。看到國境之內還有邊界真是很稀奇的事，趕緊下車觀賞一番。一條長長的石

牛羊會不會偷渡越界

高踞北海岸的班伯城堡

砌矮牆由此延伸到遠方，阿班把車開到正對著這條不設防的界線，跨越英蘇也是難得經驗。

其實不只如此，蘇格蘭和英格蘭之間可是有一條橫跨東西岸的邊界，從西岸的索爾威灣（Solway Firth）沿著切維厄特山（Cheviot Hills）及特威德河（River Tweed）到東岸的北海，全長 174 公里。雙方在邊界上各自豎立了國旗，以宣示「國界」。雖然

同屬大不列顛聯合王國，但是蘇格蘭和英格蘭之間長期糾葛的征戰和歷史，讓雙方對處理相關權利時都非常謹慎小心，連內陸河界都明訂法令規範。

　　有趣的是一座邊界小鎮特威德河畔貝里克（Berwick Upon Tweed），從 1147 ～ 1482 年的三百多年間，在英格蘭和蘇格蘭之間換手了十三次之多，最後才歸屬於英格蘭。但很特別的是，小鎮的足球隊貝里克游騎兵（Berwick Rangers）卻效命於蘇格蘭聯隊，有些「身在曹營心在漢」的味道。

住進 19 世紀莊園旅館

　　行行復行行，一路沒看到特別吸引人的小鎮，我跟阿班商量後決定直奔下一站班伯（Bamburgh）。班伯城堡位於北海岸的諾森伯蘭郡（Northumberland），除了班伯之外，在海岸線上還建有許多古堡。我想在一整條海岸線上找家民宿應該不是太困難的事吧？哪想到這個魯莽的決定讓兩人精疲力竭，當晚差點露宿街頭。

　　沒錯，找民宿確實不是太困難，真正困難的是：每一家都客滿了！

　　這還是我們第一次遇到這種狀況，怎麼會這樣呢？問遍小鎮民宿都無著落後，一

古老莊園和氣派庭院

家酒吧的老闆娘同情地告訴我：「今天是 Bank Holiday，好多人都在找地方住，妳到下一個鎮試試看吧！」所謂 Bank Holiday 就是英國的公共假日，包括 5 月的第一個和最後一個禮拜一，我們運氣太好遇上後者，也就是那個周六到周一是連續 3 天假期，而我們兩人竟然在這熱門時段跑到熱門的諾森伯蘭國家公園附近，能找到地方住才怪！說不定我們放棄的格拉斯哥今晚是座無人的空城呢！

於是我們開始逐鎮探問，天色漸漸暗了下來，到了晚上九點多，終於在一片松林中找到一家旅館，房價 180 英鎊（約 9,000 台幣）而且僅餘一個房間。回頭告訴留在車上守候的阿班，他此時竟發揮背包客的忍飢耐勞精神（都還沒吃晚餐哪），宣稱再過幾小時就天亮了，我們可以睡在車上。但讓可憐的阿班開了 5 個多小時的車還不能好好休息，我也實在於心不忍，於是當機立斷：寧願錢辛苦，不要再讓人辛苦了。

入住後我們才發現這是一家 19 世紀的莊園旅館 Waren House Hotel，古色古香的廳堂，戶外是一片大花園和樹林。推開房門，房間布置得溫暖雅致，浴室寬敞舒適，窗外夕陽的最後一抹餘暉映在海面上。

英格蘭的初夜，我們睡得很香很沉。

紐開索驚魂記

世界唯一的傾斜橋樑

千禧橋造型非常獨特（李炳煌 攝）

像一粒特大落花生的蓋茨黑德

河畔的 Grainger Town 是 19 世紀初興建完成

到紐開索（Newcastle）是慕千禧橋之名而去的，原只計畫做短暫停留，但在紐開索發生了一個意外事件，讓我和阿班經歷了一段慌亂而煎熬的時刻。

紐開索是英格蘭北部三大都市之一，也是諾森伯蘭郡（Northumberland）的首府。橫跨市內泰茵河（River Tyne）上的千禧橋（Millennium Bridge），連接了紐開索和蓋茨黑德（Gateshead）碼頭。2000 年 11 月建造完成，2001 年 9 月開放公眾使用。它是世界唯一的一座傾斜橋樑，曾經多次獲得國際設計及照明大獎。

這座橋結構簡潔，橋身和橋柱兩條不同弧度的白色線條首尾相連接，中間再以鋼索固定，看起來就像一隻眼睛，非常迷人。橋身開啟時，兩條弧形在下方形成一道拱門讓船隻通過，就像眼睛慢慢張開，每次過程為 4 分鐘半。這座橋是專供行人及腳踏車使用，走在傾斜的橋面上有一種坡度的趣味。

在千禧橋頭有一座造型很特殊的建築，外觀看起來像一粒特大號落花生，不鏽鋼和玻璃建材又讓這顆落花生的外觀有著奇特的超現實幻境，

這座蓋茨黑德（The Sage Gateshead）的原址，本是一片工業廢棄地，現在建成了紐開索的現代音樂城堡，也是音樂教育和演奏中心。對旅行的人最重要的詢問處櫃台也在這裡面，後來成了我們的求救之處。

不祥的預感

我們從班伯城堡開了 1 小時車到了紐開索，也順利找到千禧橋，果真名不虛傳，流線型的造型跨越泰茵河令人驚豔。看看時間還早，我心想花個半小時上橋走一圈應該沒問題，於是阿班把車停進橋邊一座上面寫著「歡迎停車」的聖瑪麗教堂庭院，兩人把背包留下，拎著相機就去逛橋了。

看起來滿近的距離，但通路到處都被圍堵起來，原來橋下正舉辦演唱會，滿坑滿谷的年輕男女正隨著現場演唱手舞足蹈，氣氛 high 到最高點。好不容易找到一條通行

泰茵河上有許多橋，最前方是泰茵橋

「北方的天使」是紐開索的南端地標

道路，但還沒到橋邊就被警察攔住，因為這也是演唱會的入口要收門票的，警察要我們從橋的另一端繞過去，這可是很大的一圈啊！我跟他「盧」了半天，終於獲得同意放行，於是這位盡忠職守的員警就護送著我們穿越重重人潮，到達橋頭。

穿過橋後，那一端的視野又是不同，我們欣賞完大橋、拍完照片，不好意思再勞駕警察大人，於是沿著河走另一座橋繞回教堂。當走到橋下時阿班發現一個奇特景象：蔚藍的天空上，突然有一整片耀眼的白雲覆蓋在橋塔頂端，讓整座橋塔頓時暗沉下來，明與暗的強烈對比加上兩隻鳥在上方不停盤旋，感覺十分詭異，讓我心中有些不祥預感。

上帝的巧妙意旨

我和阿班走到教堂門口果真發現大事不妙，大門的鐵柵欄竟然上鎖了，整個教堂靜悄悄地──難道……下班了？阿班雙手攀著鐵門望著他的車子直發愣。我也傻住了，難以置信會發生這樣的事情。

定下心來，仔細看門口的小牌子上果真有個時間表，下班時間是在半小時前。而我們正是比預計時間多花了半小時，兩人的背包、手機、細軟都在車上。天啊！這也實在太離譜了，我還以為歷經前一晚在班伯的遭遇，不會有更淒慘的事情發生了啊！

我們趕忙跑到落花生內求救，詢問櫃台正準備下班的兩位女士，她們放下皮包熱心地幫忙打電話。經過一番折騰，確定教堂大門次日早上才會開啟，也就是說我們當晚只有留宿在此。由於是連續假日，城中又是露天演唱會、又是露天市集的，人潮洶湧住宿堪虞，想到前一晚到九點還在找尋住處的窘境，於是我又拜託她們幫忙訂房，經過多方電詢後很幸運地訂到了附近的旅館。老天保佑阿班的皮夾還在身上，總算沒有淪落到異國化緣的地步。

紀念碑上的人是曾任英國首相的 Charles Grey

千禧橋美麗的夜景

　　詢問處的好心女士建議我們放鬆心情享受這一晚。是啊！自助旅行不就是如此嗎？永遠不知道會有什麼樣的事情發生。於是我們安頓好之後，先到大街小巷逛逛，然後好好吃了一餐，喝兩瓶啤酒輕鬆一下。入夜後，兩人攜手散步到千禧橋，哇！泰茵河上的橋柱和橋身變化著各種顏色的燈光，映在波光粼粼的河水當中，讓那隻眼睛在夜色下更加夢幻了。

　　對岸落花生內的燈光從幾何圖案的玻璃窗中透出，造成一種絢麗奇特的倒影效果。河上另一座近百年歷史的泰茵橋（Tyne Bridge），雅致的橋座和燈柱也散發著古典的韻味。這未曾預期的美麗夜景頓時讓我們心情亢奮起來，難不成這是上帝的意旨，把阿班的車暫留在祂的庭院，讓我們有機會目睹這番迷人的畫面？這一天驚心動魄、大起大落的心情，有了一個十分美好的結尾。

　　而這晚最棒的事情，就是什麼都不用操心了。不用自己找住處、不用翻弄行李、不用記筆記，吃飽喝足逛完大街後，上床一覺睡到天明。

info 英

★千禧橋

· 交通：從紐開索中央火車站步行 15 分鐘可抵。或搭乘地鐵僅一站到 Gateshead 後，下車步行 10 分鐘即到，或下車後搭乘 60 號巴士。
· 黃色 QuayLink 巴士：連接蓋茨黑德和紐開索濱海，每 10 分鐘一班。QuayLink 有兩條路線。Service Q1 從蓋茨黑德發車，終點站在中央火車站。Service Q2 從紐開索發車，行經 Newgate 街和皇家戲院，然後沿著河岸行駛。
· 服務時間：7:00am ～ 12:00am，每周 7 天。
· 票價及班次：www.stagecoachbus.com
· 千禧橋：www.gateshead.gov.uk

羅馬長城在英國

哈德連長城遺址

哈德連長城步道

羅馬人留下的歷史印記

　　西元 43 年羅馬人入侵不列顛島，開始了英國歷史上三百多年的羅馬占領時期，大不列顛於是成為羅馬帝國的不列顛尼亞行省（Roman Britain），範圍包括英格蘭的大部分與威爾斯。羅馬人從歐洲引進英國的農業、工業、建築和都市的發展，到今天仍然有跡可循，其中最著名的就是橫跨大不列顛島的哈德連長城（Hadrian's Wall）。

　　這座綿延 118 公里的長城，是羅馬哈德連大帝為守衛帝國北方邊界，於西元 122 年開始在英格蘭北面修築一系列的防禦工事。西元 142 年另一位羅馬皇帝安東尼奧（Antoninus）也曾在蘇格蘭建了長 63 公里的安東尼長城（Antonine Wall），但二十多年後便棄置。到了 4 世紀末，羅馬勢力漸漸退出不列顛行省，於是哈德連城牆也逐漸成為廢墟。一千多年悠悠歲月過去，哈德連長城現在成為大不列顛王國最長的紀念碑。1987 年被列為世界文化遺產，也是「羅馬帝國疆界」（Frontiers of the Roman Empire）文化遺產的一部分。

　　哈德連長城的範圍從東部泰茵河（River Tyne）的沃爾森德（Wallsend）直到西部的索爾威（Bowness-on-Solway）。橫貫北英格蘭的 A69 和 B6318 公路就

大致沿著城牆而建,所以現在有一種遊哈德連長城的長途巴士AD122,就以長城修築的年代為編號,行駛在東岸的紐開索和西岸的卡萊爾(Carlisle)之間。

熱愛走路的英國人還規劃了自行車道和步道,沿著泰茵河岸一路穿越農場和鄉村,到西岸的索爾威灣,全長135公里。這條路線連結了超過八十條的短程步道,來到這裡可以選擇做一日之訪,或是安排一周的漫遊。除了探訪近兩千年的古羅馬城牆和許多遺跡之外,還可以享受如詩如畫的小鄉鎮及自然風光。

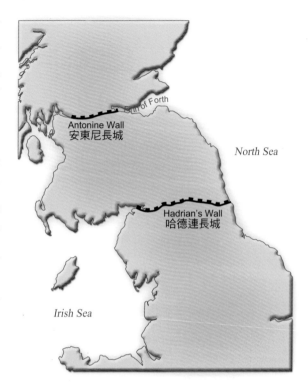

尋訪古羅馬遺跡

我們在卡萊爾城附近尋訪古羅馬遺跡。來到一座矮石牆邊看見一個羅馬長城的指示牌,又見牆邊架著一個木頭梯子,於是和阿班兩人背著背包登梯爬牆,走了一段路又遇到一座矮牆及木梯,結果我們一連攀爬了好幾座「矮牆山」,還是不見長城蹤跡,走了半個小時發現好些背包族也如此走來,才恍然這是通往長城的一條健行步道,雖然很享受這樣的時光,但我們今天還要往湖區去,只好回頭開車。

上車再開了一小段路,羅馬長城終於出現了!醒目的解說牌佇立在石牆邊,一段從一個到六、七個磚塊高度的殘壁,已經被風霜磨蝕得參差不齊,要不是有解說牌,這一小跺牆恐怕很難引起注意吧!有一家人踩在城牆上緩緩地走著,我不禁猜想在同樣的藍天白雲和綠草地之間,一千年前在此守衛邊防的羅馬士兵,不知是否也倚著牆腳思念和家人相聚的時光呢?

不用風吹草低就可見牛羊成群

大不列顛最長的紀念碑在山丘上綿延　　很難想像這裡曾是羅馬帝國的疆界

　　羅馬長城還有一處保留得比較完整的羅馬堡壘（Birdoswald Romon Fort），我們未及去看。另外距城牆僅 3 公里的 7 世紀小鎮布蘭普頓（Brampton）、可能在羅馬時期就存在的小村子霍特威爾索（Haltwhistle）、保存最好和最高的牆與炮台的吉爾斯蘭（Gilsland）及羅馬軍隊博物館（Roman Army Museum）所在的格林黑德（Greenhead），都是值得一探之處。至於另一個較大的城赫克瑟姆（Hexham），設施或許比較完備，但距離城牆的精華處稍遠。

　　羅馬人統治不列顛數百年，在殖民統治和戰爭陰影之外，也替這個島嶼注入另一種多元的發展和生命力，而英國人將它吸納並內化為現在的大不列顛。這座羅馬長城在英國不僅僅是羅馬人留下的印記，也已經成為英國的歷史、文化和現代生活的一部分。

★哈德連長城巴士
· AD122 長途巴士：2011 年行車期間 4 月 22 日至 10 月 30 日。
· 鄉鎮巴士：全年營運可達各重要景點。
· 網站：www.hadrians-wall.org（可查詢公車班次）

★哈德連長城
· 網站：www.britannica.com/EBchecked/topic/251254/Hadrians-Wall

★哈德連長城步道
· 網站：www.nationaltrail.co.uk/hadrianswall

★哈德連長城周邊小村鎮
· 網站：www.hadrianswallvillages.org.uk

旅遊 info

湖區山水之旅

這一排是羅馬人的
浴場（李炳煌 攝）

石圈的標誌

一串串如
項鍊般的
小白花

曾經有人告訴我，如果去過蘇格蘭旅行再到英格蘭的湖區的話，會感覺很失望，於是我們就抱著隨興的心情來到湖區。

地靈人傑的英國後花園

被英國人稱為「自家後花園」的湖區（Lake District）位於英格蘭西北海岸的坎布里亞郡（Cumbria），是英格蘭和威爾斯最大的一座國家公園，每年吸引了一千多萬遊客。

湖區 2,300 平方公里的面積內，散布著大大小小共十六座湖。英格蘭最高峰斯卡菲爾（Scafell Pike）、最大天然湖溫德米爾（Windermere），以及著名的伯羅戴爾（Borrowdale）峽谷都在這兒。一座坎伯里山脈橫貫湖區，把湖區分為南、北、西三個部分，北部最大的城鎮是凱瑟克（Keswick，w 不發音），這也是我們進入湖區的第一個小鎮。

在小鎮安頓後第一件事就是去看湖，散散步穿過一座公園就到了湖邊。夕陽映在水波中閃閃發光，岸邊一排小舟隨波輕輕搖晃；不遠處的湖岸後方矗立著連綿的山，山和湖之間是一片翠綠的坡地，散落著一隻隻綿羊，一對男女正漫步穿過草地。若

小鎮寧靜的湖邊

說美景如畫，眼前就是一幅渾然天成的畫面。

　　這也正是湖區的魅力所在，雖然經過了長時間的開發，湖區依然保有其恬淡和寧靜。也因此讓許多著名的英國詩人和作家都在這裡獲得了靈感，如出生或住過湖區的浪漫詩人威廉‧華茲華斯（William Wordsworth）和約翰‧濟慈（John Keats），以及彼得兔（Benjamin Bunny）的作者碧翠斯‧波特（Beatrix Potter）。

卡斯爾里格石圈

　　到了凱瑟克，就一定不能錯過小鎮東邊的史前遺跡卡斯爾里格石圈（Castlerigg Stone Circle），這座石圈約於西元前 3000 多年建成，可能是英國甚至歐洲最早期的一座。當初可能設計來觀測太陽及月球的運行，在不同時代它也可能作為舉行儀式、集會，甚至交易的場所。

　　略呈橢圓形的石圈，最寬處 32 公尺，許多石頭高達 2 公尺，最重的有 16 公噸。最特殊的是石圈東緣以十塊大石頭圈出的一個矩形，猜測是和石圈同一時期所建，當

哈得拿特羅馬堡壘占據整個山頭

山霧繚繞似乎走入古羅馬的幻境　　史前遺跡卡斯爾里格石圈

作聖所或庇護所。有趣的是關於石頭的數量，據說沒有人能夠正確計算出來，這是因為大量遊客造成石頭周邊土壤的流失，因此大石頭旁常會有小石塊出現，它很可能是當初建造時就埋在周邊來支撐大石頭。所以有人算出 38，有人算出 42，而官方説法是40 個。

羅馬帝國最孤獨的前哨

　　湖區有座哈得拿特羅馬堡壘（Hard Knott Roman Fort）遺跡，被稱為羅馬帝國最孤獨的前哨之一。在溫德米爾民宿主人卡爾的大力推薦之下，我和阿班帶著他提供的詳細地圖上路。卡爾在地圖上很詳細地標出路線，但他忘了講的是這條通往堡壘的山路陡度為一比三（33％），是全英國最陡峭的兩條道路之一。尤其那天雨霧濛濛，在彎曲陡峭的單線山路前進，具有高度的挑戰性。幸好阿班經過歐洲旅行上山下海的多年訓練，練就了一身藝高膽大功夫，讓我們享受了一趟開闊山谷之旅，尤其山間人車稀少，更能感受到天地有大美的悠然意境。

湖區的時間似乎是靜止的

西元 120 ～ 138 年之間，這座羅馬堡壘在一片壯麗群山之間興建起來。長方形的圍牆內，正中間是指揮官的房子，外緣是木造營房及糧倉。牆外一片平坦的空地可能是閱兵的操場，不遠處有一排三個房間的浴場，分別是冷水、溫水和熱水浴，後方一座特殊的圓形房間則是桑拿浴場，會享受的羅馬人真不愧是現代「樂活」的始祖。我們漫步在近兩千年前的斷垣殘壁中，山霧縹緲雨絲紛飛，恍然間分不清是我們走入古羅馬的幻境呢？還是羅馬人來到我們的夢境之中？

如此精采的湖區，怎會讓人失望呢？

★碧翠斯舊居

· 交通：從 Windermere 火車站搭乘 Stagecoach 505 巴士（Ambleside-Coniston），或利用 Cross Lakes Experience 渡輪及巴士套票，從 Bowness 3 號碼頭搭渡輪至 Hawkshead 再轉乘 505 巴士。
· 開放時間：10:30am ～ 4:30pm，5 ～ 9 月為 10:00am ～ 5:00pm，每周五休息。
· 地址：Hill Top: Near Sawrey, Hawkshead, Ambleside, Cumbria LA22 0LF（Hawkshead 以南 2 公里處的 Sawrey）
· 電話：(015394) 36269（可查詢渡輪及巴士時間）
· 網站：www.nationaltrust.org.uk/main/w-hilltop

★碧翠斯藝廊（展出畫作原稿及素描）

· 交通：Stagecoach 505 巴士（Ambleside-Coniston）。
· 門票：成人£4.8，兒童£2.4。
· 地址：Main Street, Hawkshead, Cumbria LA22 0NS
· 電話：(015394) 36355
· 網站：www.nationaltrust.org.uk/main/w-beatrixpottergallery

★相關網站

· 湖區國家公園：www.lakedistrict.gov.uk
· 凱瑟克小鎮：www.keswick.org
· 卡斯爾里格石圈：www.edgeguide.co.uk/cumbria/castlerigg.html
· 羅馬堡壘：www.visitcumbria.com/wc/hardknott-roman-fort.htm
· 遊船：www.windermere-lakecruises.co.uk

info
湖區

在溫德米爾遇見鳳凰女

樹林和小溪充滿了芬多精

我們在湖區4天3夜住了兩個小鎮，一是凱瑟克，一處就是溫德米爾（Windermere）。

幸運投宿花園美宅

凱瑟克是一個很棒的小鎮，民宿附近就是一片湖和山坡地，可以散步好幾個小時。但那是我們由北方往南初遇湖區之處，不免貪心地想要更深入，於是住一夜後續往南行。而溫德米爾其實本是排除在住宿點之外的，因為出發前就耳聞這裡有太多的觀光人潮。

到了溫德米爾，果真碼頭和小街上人潮洶湧，見此光景我們續往南行，希望在離市區遠一點的小村找家安靜的民宿，結果繞湖一大圈到對岸仍遍尋不得，見天色漸晚，只好回頭。

距溫德米爾市區不遠，當默契良好的阿班一聽見我大喊：「停車！」就知道今晚有著落了。在路邊花團錦簇的園子裡，一棟有著玻璃屋的美麗小洋房矗立其中，最動人心弦的是掛在花園外的這個字：「VACANCIES」（有空房）。

於是我們就住進了這棟美宅，後來也發現玻璃屋是屬於主人的私有空間，但我們能夠分享這棟房子的花園、溫暖的半閣樓房間和特大的浴室，已經覺得很

湖邊散步的一家人

鳳凰女就曾在民宿優雅餐室用餐（李炳煌 攝）

步道盡頭就是溫德米爾湖

整片湖景出現眼前讓人驚嘆

滿足了。

　　這家民宿只有三個房間，我們住的這間沒有附衛浴，但幸運的是，3天中都沒有其他客人，所以英國民宿很少有的、一間包括浴缸和獨立淋浴間的純白系列大浴室，就由我們兩人獨享。

貼心的民宿主人夫婦

　　主人卡爾先生十分貼心地準備了好幾套行程供客人參考，除了在地圖上仔細繪出路線之外，另外還有一份手寫的公路編號及順序。行程包括湖邊小徑散步、山上古羅馬遺跡探訪等。我們那2天就依照他的建議行程，在湖區安靜的小徑漫步、到山上尋幽訪勝，溫德米爾出乎意料的美，讓我們對她的印象完全改觀。

　　感性的女主人寶琳還教我們如何欣賞湖區：「從林間小徑走到盡頭時，先把眼睛閉上再慢慢張開，哇！美麗的湖景會讓妳感覺像在瑞士一樣。」我們由房子對面的小徑穿過一片小樹林，眼前豁然開朗，整片湖景出現在眼前，唯一的聲音就是水中雁鴨的嬉鬧。「哇！」我也不由得像寶琳一樣發出讚嘆。

　　雖然只有我們兩人住宿，卡爾和寶琳還是很用心，早餐時特別在餐室播放東方情調的CD，卡爾也會來跟我們聊聊。他原來是一家著名連鎖超市特易購（Tesco）的經營者，在沒日沒夜工作二十年後提早退休享受人生，每年會和妻子出國度假三次，今年也剛從加勒比海度假回來。他們的經濟情況應該很不錯，經營B&B也只是想與人互

卡爾家的民宿非常吸引人　　市區的觀光小火車吸引了許多人

動，因此只準備了三個房間出租，也不使用網站或 E-mail，所以住進來的就真是有緣之人。

大明星也曾來住過

看到餐室桌上立著一張鳳凰女茱莉亞羅伯茲（Julia Roberts）的簽名照片，我問寶琳：「她是我最喜歡的明星耶！妳也喜歡她嗎？」寶琳一聽興致可來了：「她曾經是我們的客人呢！」「哇！」我的嘴巴差點合不攏了。話說有一天，有位客人上門把三間房都包了下來，不一會兒只來了兩位客人，就是鳳凰女和她的保鏢。只是寶琳完全沒認出大明星，還問：「你們不是租了三間嗎？」保鏢說：「沒錯！我們租了三間。」

後來大明星還在住宿登記簿上簽名，寶琳仍舊沒認出來：「因為當天她的頭髮、皮膚真是一團亂。」等到茱莉亞離開幾天後，請花店送來一大盆鮮花（「有這個小圓桌這麼大！」寶琳開心的比劃著），並附上一張親筆便箋和照片，謝謝寶琳的接待，女主人才恍然大悟她家曾經來了位大明星！

也許是寶琳沒認出大明星依然親切接待的熱誠、也許是明星感覺到不受打擾的貼心，於是也表達了衷心的感謝。兩個女人圓滿了一個溫馨的故事，而我這幸運的第三個女人，在如此貼近故事中的人和地之後，也忍不住感動得想跟更多人分享。

臨走的早晨，寶琳說：「你們真好，很高興有你們在這裡。」我邀請他們在美麗的庭院照張相，夫妻倆欣然同意。於是寶琳充當起導演，安排背景及位置，好客人和好主人一起留下了難忘記憶。

幸好，我們沒有錯過溫德米爾、沒有錯失這許多的美好。

古城約克

13 世紀的 Clifford's Tower

約克有趣的老房子

城牆上的標章

肉鋪街有突出的屋簷方便掛肉

　　規劃旅行時最困難之處就在於「選擇」。因為想去的地方很多，旅行的時間太少，有時讀了太多資料反而難以取捨，有時卻只因一句打動人心的話就下定決心。約克讓我動心的一句話就是：「被中世紀城牆環繞的一座完美小城市」。

一座適合閒逛及漫步的小城

　　位於英格蘭北部烏斯河畔（Ouse River）的約克，是一座古老的城市，有兩千年的歷史。最早的居民是蓋爾特人，然後陸續有羅馬人、盎格魯人、維京人和諾曼人進入，曾經是羅馬下不列顛（Britannia Inferior）的首府。充滿歷史刻痕的中古街道、中世紀羅馬城牆，以及雄偉的哥德式大教堂，讓約克有一種迷人的韻味，是一座適合閒逛及漫步的小城。

　　我們在中午時分到達約克，藍天白雲的好天氣讓古城看起來十分清爽。我和阿班在城門外的一條小街上找到住處。開著天窗的閣樓房間，以深紫和淺紫色系布置得十分浪漫，民宿女主人有義大利式的熱情，

約克大教堂是歐洲著名的哥德式教堂

如連珠炮的說話速度和許多的手勢、表情，十分逗趣。她親自指揮阿班倒車進入民宿的停車位，然後我們便開始探索約克。

約克的街名非常有趣，許多字尾都帶著「門」（gate），例如：Castlegate、Fossgate、Stonegate 等，讓人以為這些都是屬於城門的一部分，其實這個字尾跟城門完全無關，它源自於維京人的「gata」，意思就是街（street）。那真正的城門呢？那

老街上的馬車

更有趣了，它叫做「Bar」（意為酒館、柵或檻）。

羅馬人從 1 ～ 5 世紀統治了約克四百年，興建了一座環圍繞全城的城牆，這座防禦工事是英國現存最長，也最完整的一處羅馬城牆，有東南西北四個城門。我和阿班從西門 Bootham Bar 登上城牆去散步，這座城門大部分建於 14 ～ 19 世紀，但仍有一些 11 世紀留存的古老石雕。從這裡可以走到四層門樓的東門 Monk Bar，它是四個城門中最高和最複雜的。14 世紀的這棟門樓被建成一個堡壘型式，每一層樓都有單獨防禦功能，現在裡面設置了一座小型博物館。

約克大教堂

中世紀晚期是約克的鼎盛時期，從建築上就可以看出當年的興旺和富裕。最具代表性的就是約克大教堂（York Minster），這是英格蘭最大的中世紀主教座堂，也是歐洲最大的哥德式教堂之一。

約克大教堂的中世紀桁木屋頂和裝飾窗花的彩繪玻璃，都是十分傑出的作品。南北翼豎立著造型獨特的窗子，尤其是著名的北翼窗又被稱為「五姐妹」，它是如柳葉般直立的五片彩色玻璃窗，在窗頂山牆部分又有五片較小的柳葉窗，非常精美優雅。教堂的維修工作一直到 20 世紀還在進行，她的歷史魅力和建築遺產是約克豐富而精采的一頁。

在約克絕不能錯過的樂趣是逛小巷弄裡的石板街。肉鋪街（The Shambles）是一條保留最完整的中世紀小巷，以石塊鋪成的巷道十分狹窄，中世紀後期曾是約克屠夫的住所，兩旁突出巷道的屋簷就是方便屠夫掛肉用的，現在的肉鋪街已經成了各式紀念品店和咖啡館的特色街。

羅馬浴場

　　羅馬人愛泡澡，凡駐留之地幾乎都有浴場。約克城內就有一座羅馬浴場，大大的「Roman Bath」字樣在古色古香的建築上十分醒目，現在這裡已經成為一個酒館了。當這地下的羅馬浴場被發現時，屋主特別保留了原來的結構並建成一個小型羅馬博物館。除了展出一些羅馬文物的複製品之外，最特別的是在浴場附近發現的一片羅馬瓷磚，上面還遺留著一位羅馬人穿著鉚釘涼鞋的鞋印呢！

　　豐富的歷史資產帶動了約克的觀光業，每年多達兩百萬的遊客，使約克成為除了倫敦之外，遊客最多的英格蘭城市。2007 年她還擊敗了一百三十座城市，被評選為歐洲年度最佳旅遊城市。完美小城約克，果然令人回味無窮。

東門 Monk Bar

☆美國紐約的名稱來由

最先在今天的紐約定居的歐洲人是荷蘭人。早在 1613 年，荷蘭人就來到紐約的曼哈頓島設立貿易貨棧，並在十年後開始進行殖民統治，並替這地方取名為「新阿姆斯特丹」，即在荷蘭的首都前面加了一個「新」字。到 1664 年英國軍隊趕走荷蘭人，並以當時英王查理二世之弟約克公爵的封號改名為新約克（New York），也就是後來全世界熟知的紐約。可以說，如果沒有約克，就不會有紐約這個名字出現。

info

★約克大教堂
・門票：成人£9.00，優惠（六十歲以上及學生）£8.00，隨同家庭之十六歲以下孩童免費。
・開放時間：周一至五 9:00am ～ 5:00pm，周日 12:00pm ～ 3:45pm。
・網站：http://www.yorkminster.org/

★ Clifford's Tower：13 世紀重建的石頭城堡
・門票：成人£3.90，兒童£2.30，優惠£3.50。
・開放時間：10:00am，關閉時間依月份不同 4:00 pm ～ 6:00pm。
・地址：Tower Street, York, North Yorkshire - YO1 9SA

★ National Railway Museum
・門票：免費參觀。
・開放時間：10:00am ～ 6:00pm。
・地址：Leeman Road, York, YO26 4XJ
・電話：(08448) 153139

★ Roman Bath
・地址：St. Sampsons, York
・電話：(01904) 620455

★約克城
・網站：www.york.gov.uk、www.visityork.org

廢墟修道院傳奇

修道院廢墟和自然融合為一

這是一個充滿傳奇性的修道院。

12 世紀時，有十三位被流放的修士來到約克郡的史凱爾（River Skell）河谷中，他們在熙篤教團（Cistercian System）的幫助下，從一個在噴泉附近的小小居處，開啟了宏偉的建築規劃。經過了幾個世紀的努力經營，躍升成為歐洲最富有的修道院之一。但正當盛極之時，英王亨利八世以宗教改革之名，於 16 世紀中葉下令解散所有的修道院，並強迫出售，從此之後這所修道院便逐漸沒落成了廢墟。

這就是英國最大的一座修道院廢墟「噴泉修道院」（Fountains Abbey），1983 年英國國家信託將這座廢墟，連同隔鄰的斯塔德利皇家莊園（The Studley Royal Estate）一併收購，1987 年成為約克郡的第一個世界文化遺址，每年吸引了三十萬人參觀。

活化的遺址有了新的生命

宏偉的中世紀修道院

中世紀廢墟修道院的傳奇故事，吸引我和阿班去一探究竟。由入口步道走到盡頭，就出現了矗立在草坪上的修道院。出乎我的意料，它並不是想像中陰沉灰暗、鋪蓋著數百年塵埃的廢墟，眼前殘缺的修道院有

白衣修士們的餐桌

修道院教堂的主殿

著令人驚異的美感，失去屋瓦的殿堂迎向天空，華麗裝飾磨蝕後呈現出最原始的磚石素容，大片陽光傾瀉在教堂內、穿越了窗子。在湛藍的天空和大片綠草地上，它竟如此自然而貼切地融入，似乎原本就該是這樣子。

　　噴泉修道院原本是一座座宏偉建築的組合，這在廢墟的規模就可以看得出來，

教堂、修士禮堂、鐘樓、地窖、食堂等，一應俱全。從許多拱門、柳葉刀窗和石柱上的雕刻，都還可見出原始工程的細緻。尤其令人驚嘆的是地窖中哥德式肋拱頂天花板（Gothic rib-vaulted ceiling），意外地完整無缺保存下來。這裡曾經是做雜役的僧侶們吃住和交誼之處，也是歐洲最大、保存最好的 12 世紀雜役僧侶居處。長方形的室內由一整列以石塊砌出的樑柱支撐，一道道線條優美的肋拱頂直抵前方，盡頭一座十字架沐浴在金色陽光下。古樸又充滿張力的空間，讓人悸動難忘。

修道院內的整座教堂只剩下主殿和兩邊側廊，陽光斜穿入側廊的拱門映在教堂地面，一整排光影直抵盡頭，連結到一扇迎向天空的巨大窗子，我突然感覺這應當就是世間最耀眼，也最貼近上帝的教堂了。一旁的側廊上方是一整排弧形拱頂，天光自重重拱頂之間透入，像輕觸魔杖般讓這個長著細碎青苔和小草的石砌長廊也光亮了起來。

12 世紀的寺院磨坊

修道院的南面角落座落著噴泉磨坊，這是一座修復過的 12 世紀寺院磨坊，有八百年的歷史，是這種寺院磨坊建築倖存下來的一個最好例子。早期的修士追求簡單清苦的生活，身著未染色的白色羊毛長袍，常被稱為「白衣修士」。他們飲食大多是麵包、蔬菜及淡啤酒，當時磨坊裡一天可以製作出最多 600 磅的麵粉，來餵飽修道院的僧侶。在磨坊的餐桌上，還可以見到盛著食物的木製餐盤，以及剝開的麵包，彷彿白衣修士們才剛準備用餐。

噴泉修道院連接的英式莊園，有著名的水花園，彎曲水道穿過一片綠野，景致迷人。回頭遠望廢墟修道院在大自然中顯得渺小許多，而穿梭在大自然和歷史當中的人們，就更加清淡了。

★噴泉修道院
· 交通：從 Leeds 搭巴士 36 或火車到 Ripon 站（約 50 ～ 60 分鐘），再轉搭小巴 J48、A168、B6265（約 30 分鐘）。
· 門票：成人£9，兒童£4.85。
· 開放時間：每天 10:00am ～ 4:00pm，4 ～ 9 月開放至 5:00pm。
· 地址：Fountains Abbey, Studley Pk, Ripon, North Yorkshire, HG4 3DY, United Kingdom
· 火車網站：www.nationaltrust.org.uk/main/w-fountainsabbeyandstudleyroyalwatergarden
· 修道院網站：www.fountainsabbey.org.uk

像森林般高聳的禮拜堂柱石（李炳煌 攝）

窗外一片綠色世界

教堂的拱頂迴廊

地窖裡的陽光十字架及哥德式肋拱頂天花板

西側客房的內部

如詩如畫 山峰國家公園

定時導覽帶遊客入洞

Blue John
洞穴藏在
這山丘下

　　山峰區國家公園（Peak District National Park）位於英格蘭中部，成立於1951年，是英國的首座國家公園。公園面積1,440平方公里，每年造訪人次高達兩千兩百萬，在全世界國家公園訪客人數中排名第二。

　　旅行前做功課時，因不能確定國家公園有無住宿地方，在地圖上尋找距公園最近的小鎮似乎只有巴克斯頓（Boxton），於是規劃前一晚先在此過夜。當天傍晚抵達時才發現小鎮離公園還有一段距離，除了一條小街也沒什麼可逛，但也只好找一家酒館民宿入住。晚上兩人到酒吧閒坐喝啤酒，吧台內是一位穿超低胸緊身衣有著甜美笑容的女孩，阿班結帳時女孩嗲聲嗲氣地向他說：「奈奈」（Good Night），回房後阿班提出建議：「明天再住一晚吧！」我的答覆當然是：「NO！」

悠然於天地間

通向藍天的山頂步道（李炳煌 攝）

　　次日兩人一早出發，不到九點便進入國家公園。

稜線上一片開闊

　　這裡的山非常有親和力，連綿群山都是大片緩坡丘陵，非常適合健行、騎馬及山地自
行車的活動。我們找到登山入口處，走了一段發現山坡雖然不陡，但步道一路往上還
是要費點兒勁，途中遇見一家人，爸爸牽著小女兒的手驕傲地説：「她才三歲，她自
己走上來的！」我連忙把喘著大氣的嘴巴閉上。

　　在稜線上放眼眺望，山雖然不高但視線極佳，山丘起伏綠野遍地，幾乎沒長什麼
大樹，所以景觀開闊、一覽無遺，讓人心曠神怡。遠近山丘可見到細如髮絲的幾條步
道，也幾乎都有人行走。英國人愛走路也是自小就養成的習慣，有野餐、健行的一家
人，也有靜靜躺在斜坡上的情侶，還有一群穿著短褲短袖的跑者。突然間天上有不明
飛行物，原來是滑翔翼，還有大型的遙控飛機，真是好不熱鬧。我和阿班搬出背包裡
的隨身寶物：水果和一壺熱茶，也來享受一下悠然天地間的好滋味。

　　我們爬的這座山名字很有趣，叫做 Mam Tor，我把她叫做「媽媽丘」，登山口是

穿過山谷便是小山村

「媽媽缺口」（Mam Nick），稜線之下還有一家製作巧克力的「媽媽農場」（Mam Farm）。在山上不知不覺已過中午，突然想起晚上還沒落腳處，我和阿班趕快離開媽媽丘。開著車轉向另一條路，進入國家公園內的一個小山村卡索頓（Castleton）。這小村座落在希望山谷（Hope Valley），聽起來就感覺今晚有望，結果還是費了好一番勁才住進青年旅館，這才知道小村有個「蜜罐村」（Honey Pot）的封號，意思是遊客像蜜蜂飛向蜜罐一樣的聚集過來，YA！我們兩隻無頭蜜蜂也擠進了蜜罐啦！

迷人的山谷小村

　　放妥行李後，我和阿班又出門逛去。山谷小村的味道真是迷人，灰瓦石牆、清溪小橋，隨意閒步都覺怡然。四周的山也都覆蓋著綠草，不見樹木，讓人忍不住就想上去踩踩。和媽媽丘不同的是，這裡山勢較陡、山頂上許多奇形怪狀的巨石，每一個看起來都獨特有趣。有人健步從山腳直上稜線，也有人就在平緩的山坡地或穿越農場的步道走著，每個人看起來都神清氣爽，希望山谷真是充滿了希望啊！

　　山峰區曾經是採礦所在，現在除了部分繼續開採的礦坑之外，有四處開放參觀。

卡索頓山村

蜜罐村吸引許多人

長得像駱駝的山丘

　　我們參觀了兩個洞穴 Blue John Cavern 及 Speedwell Cavern，這都是早期用最原始的工具以人工挖掘出來的。Blue John 和另一處洞穴 Treak Cliff Cavern 生產一種稀有的藍黃色寶石，因為全世界僅有在山峰區的洞穴發現，因此被暱稱為「山峰寶石」。到 Speedwell 是要踩著窄小的台階深入地底，再搭小船進入一個很大的洞穴，非常特別。唯一的天然洞穴 Peak Cavern 也是四者中最大的一座，常於節慶時在洞內舉辦各種活動。

　　山峰區是一座很容易讓人貼近的國家公園，在這裡很難抗拒山的誘惑，不論是去走走或在草地躺下來都很舒服，或許因為她有著媽媽般的圓融和吸引力，讓每個人都能夠在她的懷抱中感受到安適和放鬆。

info

★山峰區國家公園交通
・火車：從山峰區及德比郡周邊的主要城市如德比，可選擇以下火車路線。
  1. The Hope Valley Line：在 Manchester- Sheffield 路線上，到 Derwent、Hope and Edale valleys 站下，此處已進入山峰區，對未開車的人最為方便。Edale 位於 Mam Tor 山丘下，亦有民宿及青年旅館可住。
  2. The Derwent Valley Line：從 Derby 到 Matlock。
  3. The Manchester 到 Buxton line。
  4. The Manchestert 到 Glossop line。
・巴士：搭巴士進入 Castleton 最近的小鎮是 Chapel-en-le-Frith，離曼徹斯特 33 公里，有巴士可到，但由此進入仍須步行數公里方抵。
・交通資訊：www.trentbarton.co.uk/transpeak
・山峰區國家公園旅遊官網：www.visitpeakdistrict.com
・國家公園官網：www.peakdistrict.gov.uk

達西先生的莊園大宅

畫廊天花板的彩繪

鋪著玫瑰色地毯的書房（李炳煌 攝）

金碧輝煌的餐廳

英國有很多的莊園大宅，我們會選擇去查茲沃斯莊園（Chatsworth House），除了它的歷史悠久、景觀迷人，好幾次被選為英國最受喜愛的鄉村大宅之外，最主要的，它曾是經典電影「傲慢與偏見」（Pride and Prejudice）中，男主角達西先生的家。

讀過珍・奧斯汀的原著小說，也看過這部電影，有了故事和影像的連結，就讓我對這個莊園產生了濃厚的興趣。電影中達西先生家的許多場景，就在座落英格蘭中部德比郡（Derbyshire）切斯特菲爾德鎮（Chesterfield）的這座莊園拍攝。

氣派非凡的莊園豪宅

查茲沃斯莊園的主人是一個英格蘭的貴族卡文迪許（Cavendish）家族。從 1694 年威廉・卡文迪許四世受封為第一代德文郡公爵（Duke of Devonshire）起，家族就世代承襲這個爵位，目前的繼承人是第十二代德文郡公爵。參觀莊園時附送的旅遊摺頁上，就可看到公爵夫婦微笑著歡迎訪客參觀他們的家。

從車道一轉進莊園，就讓人感覺到豪宅的非凡氣派，大片平整寬闊的草坪後方矗立著巨大的宅邸，17世紀英國巴洛克宮殿式建築，華麗又端莊地傲視著各

,000 多英畝的英國景觀花園

精緻的大理石壁飾（李炳煌 攝）

入口處的畫廳（李炳煌 攝）

建於 17 世紀的畫廳

電影中達西先生初次向伊莉莎白表達愛意的石亭

隨處都是休憩的好地方

地來的訪客。

宅邸入門就是挑高兩層的大廳，這座建於 17 世紀的畫廳（the Painted Hall），整個天花板上布滿巨幅的精緻壁畫，四周牆面也掛著大幅壁畫及大理石雕像、牆飾。貴氣耀眼的裝潢讓人見識到英國貴族階級的優雅奢華，平民百姓很難想像生活在其中會是什麼樣的滋味。

順著鏤金扶手及鋪著紅地毯的樓梯上去，在限定參觀的區域中，最吸引我的兩個房間就是書房和餐廳，鋪著玫瑰色地毯的書房以木製家具為主，包括正前方厚重的書桌、兩旁整面牆的書架及茶几矮櫃等，天花板是精雕細琢的壁飾和畫，整體給人穩重厚實而安心的感覺，能在這裡享受閱讀的人實在太幸福了。

長方形的餐廳可說是金碧輝煌，天花板垂掛的水晶吊燈、餐桌上的燭台餐具，以及牆上鑲著金框的油畫，讓整個房間閃閃生輝。我想像盛裝的公爵貴婦坐在這裡輕聲細語、觥籌交錯的畫面，自己也彷彿置身在 18 世紀的影片之中。而餐廳這些美麗精緻的器物，都來自家族好幾世紀的典藏呢！

卡文迪許家族非常熱中藝術鑑賞與收藏，所以各房間隨處都看得到歷代收藏的名家油畫、雕塑和細緻繁麗的各式擺飾。一間擺滿了各種收藏品的雕像館（The Sculpture Gallery），也是「傲慢與偏見」裡的一幕場景，當女主角伊莉莎白初訪達西先生家參觀時，對感情心生徬徨的她，就在這裡徘徊沉思。

令人流連不已的英式庭園

豪宅內部雖然令人驚豔，但查茲沃斯莊園最令我和阿班流連的，還是戶外 1,000

最受歡迎的庭園瀑布　杯底不能飼金魚

多英畝的美麗庭園。那是典型的英國景觀花園，18 世紀時由英國最富盛名的景觀設計師蘭洛斯布朗所規劃，他運用流水來結合樹林和地貌，讓遠近風景相互呼應襯托，多次奪得英格蘭的豪宅庭院獎。

　　我們的庭園散步從宅邸南面開始，在一大片寬廣平整的草坪上，先看到一座圓形噴泉池，後方是另一座幾乎望不到盡頭的長方形噴水池，讓視線延伸到無限遠的山林和天際。踱步到長水池盡頭出現一片樹林，在曲折的林間步道上，可發現許多小驚喜，一張由多個彎曲樹枝架設出來美麗又氣派的座椅、一條小階梯水瀑潺潺流著，再走一會兒，又出現以鑄鐵雕塑出來的兩個對臥品酒的男女，閒適而逗趣的樣子引人莞爾。這種後現代的展示在莊園不定期展出，為古宅注入了新鮮活力。

　　莊園東面是較高的坡地，有一座著名的庭園造景瀑布就順著地勢而下。瀑布的頂端是一座石砌的小亭子，這也是電影中達西先生初次向伊莉莎白表達愛意的地方，兩人在此有對感情的質疑和衝突的關鍵劇情。高處水流順著一層層台階而下，許多小朋友踩著水蹦蹦跳跳，有的玩到衣衫溼盡，乾脆脫得只剩小內褲，連狗兒也興奮得竄來竄去。

　　莊園真的很大，我們花一個多小時還走不完。看看時候不早了，草地上遇見一對漂亮又壯碩相偕散步的雞朋友，見不到主人家我們就暫且跟牠們道別吧！

☆曾在查茲沃斯莊園取景的著名影片

2005 年「傲慢與偏見」，女主角 Keira Knightley
2006 年「簡愛」（Jane Eyre），女主角 Ruth Wilson（BBC 製作之電視劇）
2008 年「伯爵夫人」（The Duchess），女主角 Keira Knightley
2009 年「狼人」（The Wolfman），男主角 Anthony Hopkins

★查茲沃斯莊園

info

- 交通：下面四線巴士皆途經或直接抵達莊園。
  No. 58 from Macclesfield to Chatsworth House
  No. 214 from Sheffield to Matlock
  No. 215 from Sheffield to Matlock
  No. 473 from Glossop to Chatsworth House
- 入場費用（宅邸及花園）：成人£17，兒童£10。
- 宅邸開放時間：11:00am ～ 5:30pm。
- 花園開放時間：11:00am ～ 6:00pm。
- 上網預約購票（10% off）：www.chatsworth.org
- 交通參考網站：www.carlberry.co.uk
- 莊園官網：www.chatsworth.org
- 地區資訊：www.peakdistrictinformation.com/visits/chatsworth.php

慢活小鎮漫悠遊

小鎮如圖畫般迷人

保存良好
的中世紀
都鐸建築

國際慢活城市 Logo

如果有一天，您對匆忙而耗損生命的日子感到倦怠，渴望享受緩慢生活的滋味時，到英格蘭的鄉村小鎮勒德洛（Ludlow）走走，就來對地方了。

街市的優雅風情

隸屬什羅普郡（Shropshire），Ludlow 這個名字源於古老的英文，意思是在丘陵下有著潺潺河流的一個地方。小鎮成為英國第一個加入國際「慢活城市」（Cittaslow）及慢食運動的成員，緣自她悠久的歷史背景和現代居民的自覺。中世紀時勒德洛是一座由城牆防禦的城鎮（Walled Town），位在英格蘭和威爾斯邊界的戰略位置，勒德洛城堡曾經是威爾斯議會的所在地，也是擁有威爾斯親王封號的幾位皇族，包括國王愛德華四世的臨時宅邸。

九百年前諾曼時期規劃的小鎮，留存了許多歷史建築，尤其是中世紀的都鐸式（Tudor）半木桁建築，有五百棟已列入英國法定特殊或具歷史價值名單之中。古典的街市風情隨處可見，這也顯出鎮民的優雅品味。

走在街上就完全可以感受到這樣的氛圍，市區幾乎看不到現代建築，整排保存良好的都鐸建築不是寂寞孤單的歷史，而是真實生活的一部分。可以有銀行、

城堡曾是威爾斯議會所在地

老房子也可以有現代功能

入夜後的街道

有商店、停車場，現代功能被典雅而素樸地加入古老屋宇當中，所以一點也不感覺突兀。轉進巷弄內，走過鑲著細格子的白色小窗、玫瑰攀爬的紅磚牆、燃起黃昏街燈的窄弄，小鎮的綿長悠遠已鏤刻在心頭。

　　「與其說小鎮變慢，其實應該說她從來沒有快過。」一位居民在接受記者訪問有關慢活城市時這樣說。鎮民在五十年前就開始保護古老建築、著名的傳統茶屋 De Grey's Tea Room 多年來沒有改變過。

把環境和人擺在第一位

　　人口僅一萬的小鎮，維持著三位傳統屠夫、四位烘焙師和一個定期的農人市場，以及一整排的專門食品店。從 2006 年起，小鎮就擁有自己的釀造廠，用本地產的啤酒花釀造淡啤酒。在鎮上，買豬肉時屠夫會告知肉來自哪個農場；如果商店裡找不到需要的東西，店主會指引你到另一家店去。對小鎮來說，最重要的事情是把環境和人放在第一位。

　　對於這點我們有深刻體會。我和阿班到達小鎮後，想在一家咖啡館上網查資料，

但店中沒有網路設施，女店員就放下手邊工作，帶著我穿過後方超市大門外，指引到不遠處的圖書館使用免費公共網路。我完成上網功課後又順道去超市採購，剛進門一位警衛便走過來關心是否找到圖書館，讓我驚訝又感動。

很有英國風的房子

英國最有活力的小鎮

城堡是小鎮最古老的一部分，11 世紀開始興建及之後幾個世紀的增建，建築的特色涵蓋諾曼時期、中世紀及都鐸時期。現在是私人產業，可購票參觀，也是小鎮每年特定節慶的活動場所。另一個著名的建築是建於 1619 年的羽毛旅館（Feathers Hotel），它的名字來自原始木材框架上的鴕鳥羽毛圖案，雖然已經風化，但在三個山牆上仍依稀可以見到。

古典的街道

在 13 世紀的城門下緊貼著一棟超過三個世紀的建築，兩百多年前成為一家酒館民宿，我們就投宿在這裡。酒館內厚實的木頭吧台、桌椅及被壁爐燻黑的石砌牆很有一種往日美好時光的情調。樓上只有五個民宿房間，走廊暖黃的燈光映在寫著花體字的木門上，房間布置得溫暖舒適，從窗戶望出去是 Broad Street，全是中世紀和喬治王朝時代的建築，被稱為「英國中世紀小鎮最美的街道」。

但小鎮不是一直都這麼沉靜的，每年她都會舉辦各種藝術、手工藝、食品及農產品等大型展覽或市集，並且已經成為遠近馳名的活動，因此倫敦的「田園生活」（Country Life）雜誌，推介勒德洛是英國最有活力的小鎮。

一天將盡，我和阿班到小鎮後的山丘散步，帶著狗兒健行的居民跟我們打個招呼越過身後。我眺望著掩映在樹叢中、如圖畫般迷人的古老小鎮，在舒緩的生活當中，勒德洛自有她獨特的節奏。

★勒德洛交通

· 火車：從 Manchester 可搭 Marches Line 火車抵達。
· 巴士：192 及 292 巴士由 Birmingham 及 Kidderminster 皆可達。或由 Shropshire 和 Herefordshire 搭乘地區巴士。
· 觀光網站：www.shropshiretourism.co.uk/ludlow、www.ludlow.org.uk
· De Grey's Tea Room：www.degreys.co.uk/tea-rooms.htm
· 建築：www.ludlow.org.uk/arch.html
· 慢活城市：www.cittaslow.net

info

探訪莎士比亞

莎翁就是在這棟房子出生的

雅芳河畔的斯特拉特福（Stratford-upon-Avon）小鎮，是英國大文豪莎士比亞（William Shakespeare）一生最重要的地方，他在這裡出生、度過童年、結婚和逝世。他和妻子的家人也都是小鎮的居民，這是一個充滿濃濃莎士比亞風的地方。

全世界卓越的劇作家之一

莎翁父親製作手
套販售場景重現
（李炳煌 攝）

莎士比亞求婚的椅子
（李炳煌 攝）

小鎮的主街（High Street）保存了許多黑白相間的都鐸式建築，走在小街上，感覺就像進入莎士比亞的年代。街上的馬婁餐廳（Marlowe's Restaurant），得名於莎士比亞同一時期的詩人兼劇作家克里斯多夫‧馬婁（Christopher Marlowe）。另外一家加利克酒館（The Garrick），以 17 世紀知名的莎翁編劇及演員大衛‧加利克（David Garrick）為名。隔壁是建於 1596 年的哈佛屋（Harvard House），曾為約翰‧哈佛（John Harvard）的母親所有，後來哈佛移居美國，創辦了著名的哈佛大學。

我們到小鎮首先要拜訪之地，就是莎士比亞的出生地。這裡是莎士比亞於 1564 年出生和成長的地方。他十八歲時娶了二十六歲已懷孕三個月的安妮‧哈瑟

安妮娘家舊居像一棟童話屋

維（Anne Hathaway）後，夫妻也曾在此居住一段時間。他們育有三個孩子，長女蘇珊娜（Susanna）和一對雙胞胎兄妹哈姆雷特（Hamnet）和茱迪亞（Judith），但哈姆雷特於 11 歲時因不明原因死亡。

　　之後莎士比亞因無法和妻子相處而逃離到倫敦，在那裡成為一流的演員和劇作家。令人意外的是，莎士比亞還是一位精明的商人，在倫敦期間經營並累積了他的財富。莎翁被認為是英國文學史和戲劇史上最傑出的詩人和劇作家，也是全世界卓越的劇作家之一。重要創作包括《哈姆雷特》、《李爾王》和《馬克白》，被認為是英語劇本最佳範例。他的作品至今仍廣受歡迎，在全球以不同文化形式演出和詮釋。

莎士比亞的出生地

　　莎士比亞出生地是一棟中世紀的半木桁建築，內部完全按照他當年生活的舊貌擺設，屋內還有一間莎翁的父親約翰‧莎士比亞的手工作坊。臨街的窗台上放著一座莎翁的半身雕像，靜靜地注視著來訪的客人。房間床單上放著一件短衣、點燃柴火的壁爐前吊著瓦鍋，廚房料理台躺著一隻肥鵝，似乎主人才離開不久。

還原 16 世紀時的臥房模樣

女兒家厚實的餐桌　　莎翁長眠之處就在教堂正前方

　　小鎮和莎士比亞相關的房屋共五棟，除了出生地之外，還有莎翁母親、女兒和孫女的房子。其中我最喜歡，也最浪漫的一處，就是安妮娘家的舊居，位在鎮外的 Anne Hathaway's Cottage，這也是年輕的莎士比亞當年向安妮求愛之處。它是一棟童話般的農舍，農舍外有大片美麗的園林，安妮就在這裡度過了童年時光。屋內有一張 17 世紀初的橡木扶手椅，據說是莎士比亞求婚的椅子，曾經在外流落兩百多年，後來在一個拍賣場所被發現才又買了回來。

　　位於市區的 Hall's Croft，原是屬於莎士比亞女兒蘇珊娜和女婿約翰赫爾（John Hall）所有。這裡一共有十七個房間，現在部分對外開放參觀。這間屋子的展示品，包含了 16、17 世紀的藝術品及家具。我們輕踩木頭地板，穿過刷著白漆的半木桁牆面及天花板，彷彿闖進了一個中世紀家庭。

為小鎮帶來無比榮耀

　　莎士比亞晚年時回到家鄉和妻子共度，1616 年過世，享年五十二歲。在遺囑上他把大部分的財產都留給長女蘇珊娜，指定留給妻子的是一張他「第二好的床」，這引

莎士比亞之墓　　　　　　　　　　　　　廚房正要準備餐食　　莎翁長眠的聖三一教堂

起了各種猜測，有人認為是對安妮的一種羞辱，但也有人認為留給妻子結婚時的床，是一種浪漫的表現。不論如何，也許只有做妻子的最了解他的用心。

　　小鎮的聖三一教堂從 13 世紀起，就是鎮民做禮拜的地方，莎士比亞小時候在這裡受洗，也一直隨著家人在這裡做禮拜，最後他長眠在教堂內的聖壇之中，七年後妻子過世就安葬在他的旁邊。

　　莎士比亞僅有的一位外孫女在 1670 年去世後，他的嫡系血脈從此中斷。但身兼詩人、演員及劇作家的莎士比亞，在短短的一生中，為自己、為家鄉小鎮帶來的榮耀，是永無止盡的。

★莎士比亞出生地

- 門票：套票成人£19.5，兒童£12。
- 開放時間：4 ～ 10 月 9:00am ～ 5:00pm，11 月至隔年 3 月 10:00am ～ 4:00pm。
- 電話：(01789) 204016
- 網站：www.shakespeare.org.uk
- 莎士比亞相關的五座房屋包括：
  1. Birthplace：出生地。
  2. Nash's House and New Place：房屋曾屬於莎士比亞的孫女婿湯瑪斯‧納什（Thomas Nash）所有，隔鄰是莎士比亞安度晚年的屋子 New Place，如今成為一座花園。
  3. Hall's Croft：女兒蘇珊娜和女婿約翰赫爾舊居。
  4. Mary Arden's Farm：祖父母的舊居，也是莎翁母親度過童年之處。
  5. Anne Hathaway's Cottage：妻子安妮娘家農舍。
  購票注意有五座屋或三座屋的組合套票，購套票較划算，不能錯過的是出生地和安妮娘家農舍。上網購票有 10%折扣。
- 斯特拉特福官網：www.stratford-upon-avon.co.uk

info

消失的城堡 庫姆城堡

14世紀的市集叉口

這家也是一處民宿

擁有最出色自然美景的科茲窩斯

市集叉口的古老石柱和亭蓋

阿班開著車穿越一片平緩山丘，整片嫩黃色如地毯般的景致在眼前展開，這就是位於英格蘭的中心、擁有最出色自然美景的科茲窩斯（Cotswolds）了，我興致勃勃地告訴阿班，今天要帶他去看科茲窩斯美麗的庫姆城堡（Castle Combe）。

我們抵達時已近黃昏，一停好車我就急著要去參觀城堡，穿過小徑時一位居民提醒我們已經闖進了私人道路，我連忙致歉並順口問她：「請問城堡怎麼走？」「城堡？這裡沒有城堡。」看我愣在那裡，那位女子很誠懇地說：「很遺憾我們沒有城堡。」

英國最漂亮的村莊

憑著手上的有限資料，我們期待見到的是一座中世紀的城堡和小村莊，這出乎意料的回答讓人不免有些失落，好在小村莊也是吸引我們的目的之一，那就安下心逛小村吧！庫姆城堡被稱為英國最漂亮的

Bybrook 溪在這穿越

村莊，迷人的魅力至少在一世紀前就吸引了各地訪客，從街頭的市集口直到街尾跨越 Bybrook 溪的小橋，如詩般的畫面，從古早到現在都從未改變過呢！

庫姆城堡人口只有三百五十人，是一個非常寧靜的小村，只有一條短短的主街，街上看不見任何電視天線或電線杆，整條街靜悄悄，我們兩個人像是闖進了一座遺世獨立的村落。街道兩旁的房子是如蜂蜜般的金黃色，加上厚實的石牆和石片屋瓦，以及陡峭的斜頂，一種純淨質樸不沾塵埃的美，像是電影場景一般不真實，但她們都已經在這裡佇立了好幾百年了。

小村莊的房子是屬於科茲窩斯地區著名的石砌建築，除了外觀之外，另一特色還頗具實用性，那就是在陽光消逝後石牆還能維持一段時間的餘溫，因此有位作家曾以一句很美的話形容她：「留住好幾世紀閃耀在石屋上的陽光」。現在小村所有的建築都已經列為古蹟保護，好讓庫姆城堡的美麗和特有風格世代相傳。

多部電影的場景

從停車場走入村莊，就可以見到一座奇特的石砌亭子，那是 14 世紀的市集叉口

（Market Cross），是中世紀時擁有許可權才能每周舉行市集之
處，至今在英國少數古老的村鎮都還可以見到類似的遺跡。旁邊
有一些小石墩，作為上下馬之處，也是中世紀所稱的「奶油叉口」
（Buttercross），本地生產的奶油、牛奶和蛋聚集在此供鄰近鄉
鎮採購。另外，古老的建築還包括13世紀的聖安德魯教堂（St.
Andrew）。

兼營酒吧的城堡客棧（李炳煌 攝）

庫姆城堡在15世紀開始繁榮，當時它屬於米利森特家族
（Millicent）所有，之後約翰爵士（Sir John Fastaff）成為莊園領
主達五十年。他大力推動羊毛工業，村莊成為重要的羊毛產業中
心，村內的河流還曾經供應二十多座磨坊水車運轉。

小村幽雅的環境吸引了好幾部電影來此拍攝，最著名的
是以維多利亞時代英國鄉村為背景的「杜立德醫生」（Doctor
Doolittle），另兩部電影「星塵」（Stardust）和「狼人」（The
Wolf Man），小村也是主要場景。在2010年一整年，村莊則被
用來作為電影「戰馬」（War Horse）拍攝的主要場景。

庫姆城堡被稱為英國最漂亮的村莊

小村莊有幾處可住宿，一家叫做城堡客棧，看到這名字我心中還是有些不服，沒
城堡幹嘛要一直標榜城堡呢？逛到小街上一棟最漂亮的兩層樓房，是一家B&B。往村
莊上方綠蔭掩映處是一棟14世紀的莊園大屋，它曾經歷了包括約翰爵士在內的好幾任
莊園領主，現在成為一家四星級的莊園旅館（Manor House Hotel）。

旅行後我又上網追查，最後謎團終於解開了，原來的確有城堡存在！最初它只是
一座不列顛山丘上的要塞，後來被羅馬人占領，羅馬人之後來了諾曼人，他們把要塞
改建成為城堡。但後來傾頹荒蕪成了一堆土方，所以現在只有城堡之名而無城堡了，
而這座城堡的原址就是那家莊園旅館。

我忍不住大聲對阿班說：「親愛的，我把消失的城堡找回來了！」

★庫姆城堡
info
· 火車：最近的火車站是Chippenham（距離8公里），或到Bath（距離16公里），再搭巴士或計程車前往。
· 巴士資訊：www.wiltshire.gov.uk
· 相關網站：www.castle-combe.com

羅馬人的浴場　巴斯

以浴場為城市取名

皇家新月樓是英國最大的喬治亞風格建築（黃素琴 攝）

巴斯修道院

普爾特尼橋是一座優雅的古老橋樑

　　把浴場取為城市的名字，世上除了巴斯（Bath）之外，應該是絕無僅有吧！

　　1世紀羅馬人來到巴斯，為羅馬女神建了一座蘇利斯密涅瓦神廟（Sulis Minerva），並且利用溫泉建了一座公共浴室。之後的十至二十年間，這裡發展成為一個小鎮叫做 Aquae Sulis，意思是蘇利斯水域，這就是巴斯在羅馬時代的名字。羅馬人發現這裡湧出的熱泉具有療效，於是開始建造溫泉療養所，羅馬浴場（Roman Bath）便成了當時貴族的社交場合。

　　5世紀盎格魯薩克遜人來此取代了羅馬人，他們稱呼小鎮為 Baðum，也就是在浴場（at the baths）的意思，巴斯之名由此而來。但羅馬人離開後浴場也隨之荒廢湮沒，一直到一千三百年後古老的羅馬浴場才被再度發現，現在成為英國著名的羅馬時代遺跡，也是聯合國教科文組織所認定的世界文化遺產。

　　巴斯是英國唯一的熱泉區，目前每天還是會湧出攝氏46度多的熱泉水約200萬公升。而現在的羅馬浴池已設為博物館（Roman Baths Museum），供人參觀。進入博物館可以看見羅馬時期建造的天然溫泉浴池，中央是面積最大的露天大浴池，兩側兩個浴池區

羅馬溫泉的露天浴池（黃素琴 攝）

還有小型浴池。當時羅馬人就已經使用三溫暖，除了熱水浴之外，還有冷水浴池，以及蒸氣室和烤箱呢！溫泉的水源順著管道流向浴池，1 世紀時的設計沿用到現在，至今還有熱泉不斷湧出。羅馬浴場主溫泉的位置，經過考古證明就是被凱爾特人當作神龕之處，博物館內還有羅馬神廟的遺跡和殘缺的石雕。

巴斯修道院、皇家新月樓

　　緊鄰著羅馬浴池的建築是巴斯修道院（Bath Abbey），這是一座於 1499 年成立的基督教堂，之前原址是建於 8 世紀的諾曼大教堂和修道院。教堂外觀是明亮的乳黃色，鑲著精緻的馬賽克彩色玻璃，最特別的是扇形拱頂天花板（Fan-Vaulted Ceiling），像是由兩列潔白的巨大扇貝襯托起來，扇貝交會處鑲著彩色盾牌圖案一直延伸到聖壇上方，非常典雅迷人。教堂走道上設了一個鏡架，略斜的角度已調整好對著天花板，而且高度到腰際可以輕鬆地欣賞及拍照，是很貼心的設計。

　　在城市西北角的皇家新月樓（Royal Crescent）是巴斯最壯觀的建築之一，由三十棟樓連在一起呈現巨大的新月形，建於 1767 ～ 1774 年間，由著名建築師小約翰伍德（John Wood）設計完成。當時作為上流社會到巴斯度假的別墅，目前有博物館和旅館、

辦公室。這是英國最大的喬治亞風格建築，已經列為一級保護建築。

　　皇家新月樓很有趣的一個特點是「表裡不一」。由於它是由各購屋者買下一定長度的門面，有時前面看似兩戶，其實只有一戶。然後各家請設計師在門面之後建造各具特色的房子，因此這些建築的設計從前面看是完全統一和對稱，但是背面屋頂的高度、窗戶的格式和位置都不相同。這種前後迥異的建築在巴斯隨處可見，被形容是「Queen Anne fronts and Mary Anne backs」，非常有意思。

巴斯市區著名景致

　　走在巴斯市區，一個曾經在雜誌上吸引我的畫面出現了，那是雅芳河順著三條拋物線階梯而下，形成了三層白絹似的弧形小瀑布，這獨特的設計讓平凡的河流產生了新奇的意象。

　　這裡另一個焦點是前方的普爾特尼橋（Pulteney Bridge），是一座橫跨雅芳河的三孔橋，也是巴斯最優雅的古老橋樑，約在 1770 年由新古典主義建築師羅伯特亞當（Robert Adam）所設計。橋上兩側都是商店，像這樣商店街形式的橋樑全世界只有三座，包括佛羅倫斯和威尼斯的里亞爾托橋（Rialto），後者也是當初設計師羅伯特亞當所引用的藍本。

　　離普爾特尼橋不遠處，有一處珍・奧斯汀中心，是紀念英國 19 世紀初期著名女作家，也是《傲慢與偏見》的作者珍・奧斯汀（Jane Austen），她曾客居在巴斯小鎮五年，所出版的六本小說中就有兩本在這裡完成。

　　雖然觀光的人潮讓巴斯顯得有些擁擠，但不論是女神的水域，或是珍・奧斯汀的創作，都讓這座古羅馬浴場充滿了傳奇和故事，即使稍擠一點兒，也無妨。

★羅馬浴場
・門票：成人£12.25，兒童£8（包括中文耳機導覽）。
・開放時間：1～2月及11～12月 9:30am～4:30pm。3～6月及9～10月 9:00am～5:00pm。7～8月 9:00am～9:00pm。
・羅馬浴場：www.romanbaths.co.uk

★巴斯修道院：www.bathabbey.org

★巴斯：visitbath.co.uk

★普爾特尼橋：www.pulteneybridge.com/pulteney.htm

★Sally Lunn's（著名的下午茶及麵包）：www.sallylunns.com

史前巨石陣之謎

手牽手的巨人在跳舞嗎

在英格蘭西南的大平原上，有一群善良的巨人很喜歡手牽著手唱歌跳舞，為人們帶來許多歡樂。有一天他們突然在一瞬之間變成了僵硬的大石塊，手舞足蹈的動作也頓時凝結住，這巨石群就從此在這裡佇立了好幾千年。

巨石陣（Stonehenge）是英國最著名的史前建築遺跡，它建造的緣由和方法至今仍是考古界的不解之謎。前面一段描述巨石的傳說較像是可愛的童話故事，但有一段時間，許多人都深信不疑，因為由某一角度觀看巨石群，確實與牽著手的巨人形象頗為吻合呢！

巨石陣的久遠歷史

巨石陣的原始模樣（李炳煌 攝）

我們順著公路往威爾特郡（Wiltshire）的巨石陣，一路欣賞著開闊的草原風光，這樣的體驗機會不多了，因為有一項大型改造規劃正在進行，日後公路將改成地下隧道，連停車場也將移到地下，讓整塊草原回復自然景觀。

終於親眼看到聞名已久的巨石陣，遠望如同一個環形布陣，巨大的石塊有計畫地站在特定的神祕位置上。我邊聽著手中的語音導覽邊仔細看，整個巨石陣

有中文語音導覽喔（李炳煌 攝）

結構是由不同排列的巨石及外圍的環狀溝所組成，它的建構時間非常漫長，可分為三個階段，先是約五千多年前在外圍修建了圓形的土堤及壕溝；第二個，也是被認為最戲劇化的階段，約在西元前 2150 年左右，八十二塊藍砂岩，有些每塊重達 4 公噸，被費盡千辛萬苦地遠從 385 公里外的威爾斯山區運送到這裡，並且排成兩個完整的圓圈，成為巨石陣的雛形。

第三階段出現了砂岩，那是約在西元前 2000 年，來自 30 公里外的北威爾特郡。最大的砂岩重達 50 公噸，這在當時僅能以雪橇和繩索來移動，現代計算出拖走一塊巨石需要五百個人力，如在雪橇前鋪設巨大的滾輪來移動，還需要再加一百個人力。這些巨大的砂岩大部分被安置在巨石陣的最外圍呈一圓形，並在岩石頂端加上連續環繞的石楣。另一部分砂岩在內圈圍成馬蹄形，三個一組呈冂字型，共有五組。

在此之後的五百年，這些巨石被不厭其煩的重新排列，形成現在所見到的樣子：直徑 30 公尺的巨石陣，有兩圈外圍圓陣，和兩圈馬蹄形的內圍陣。最外圈圓陣是三十塊砂岩巨石組成，歷經數千年的風霜雨雪，如今只有十七塊依然屹立；第二圈圓陣是較小的藍砂岩石組成。內圍陣為砂岩和藍砂岩排列的兩圈馬蹄形，最外圍原始五組的冂字型巨大砂岩目前可以清晰地看到三組。

種種謎團至今無解

聽了巨石陣的久遠歷史，心中不禁湧上一層疑惑，花費了數千年、動用了無數的人力，究竟建造巨石陣的作用及意義何在呢？這個疑問也是眾多考古學者耗盡心血一直想要找出的答案。由於歷史上完全沒有相關的文字記載，因此只能從現存的遺跡中分析探索，這也造成了許多分歧的看法。目前比較廣為人接受的說法有二，一是祭祀寺廟，另一個是跟太陽的運行有關。

巨石陣的造型與寺廟相近，尤其在巨石環繞的中央位置，現在還可以看見一個傾頹的祭壇石，因此有些考古專家斷定，這是一座祭祀寺廟。

但是天文學者有不同的看法。波士頓大學天文學教授杰拉霍金斯（Gerald S. Hawkins）利用電腦運算，提出一個理論，巨石陣是可以預測及計算太陽和月亮軌道的「古天文台」。霍金斯在 1965 年出版的《巨石陣解碼》一書中，替巨石陣取一個現代

穹蒼下佇立五千年所為何來（李炳煌 攝）

化的名字：「新石器電腦」。

　　霍金斯的理論雖然引起熱烈的討論和質疑，包括計算方式的誤差和英國的氣候是否允許精確的天文觀測活動等。但巨石陣順勢推出每年夏至的觀日出活動，當天清晨破例開放訪客進入巨石陣內，於是各地扶老攜幼，甚至巫師裝扮的隊伍都蜂擁而來，這番現代版的祭典和天文觀測的意外結合，讓巨石陣變得熱鬧有趣。

　　而巨石陣究竟是遠古祭典場所？神廟？還是古代天文台或電腦？這個費人猜疑的謎團，哎！還是留給天文及考古學家傷腦筋吧！

★史前巨石陣

· 交通：火車——最近的火車站是 15 公里外的 Salisbury。巴士——從倫敦市中心的 Victoria Coach Station 搭車約 2 小時，
　在 Amesbury 下車，換搭當地巴士或計程車，路程約 3 公里。
· 門票：成人 £7.5，兒童 £4.5，優惠價 £6.8。
· 開放時間：除聖誕節外每天開放。4 月 1 日至 5 月 31 日 9:30am ～ 6:00pm。6 月 1 日至 8 月 31 日 9:00am ～ 7:00pm。
　9 月 1 日至 10 月 15 日 9:30am ～ 6:00pm。10 月 15 日至隔年 3 月 15 日 9:30am ～ 4:00pm。
· 官網：www.stonehenge.co.uk

英格蘭南境印象
教堂及王宮

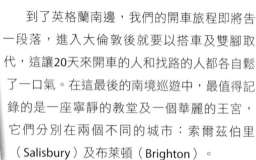

到了英格蘭南邊，我們的開車旅程即將告一段落，進入大倫敦後就要以搭車及雙腳取代，這讓20天來開車的人和找路的人都各自鬆了一口氣。在這最後的南境巡遊中，最值得記錄的是一座寧靜的教堂及一個華麗的王宮，它們分別在兩個不同的城市：索爾茲伯里（Salisbury）及布萊頓（Brighton）。

教堂精緻的雕像
布滿整個外牆

皇家閣及庭院

索爾茲伯里大教堂

索爾茲伯里位於巨石陣東南 15 公里，是一座中世紀小城。早在 13 世紀時就是鄰近村鎮的市集中心，城內設有每周二及周六的固定市集；到 15 世紀開始在各市集建石頭叉口，包括家畜叉口（Livestock Cross）、起士和牛奶叉口（Cheese & Milk Cross）、羊毛及棉紗叉口（Wool & Yarn Cross）等，就像是現代的各種果菜或花卉專賣市場。但目前小城僅餘一座禽類叉口（Poultry Cross），形狀跟我們在庫姆城堡看到的很類似，這座石亭在 19 世紀時又添加了哥德式建築的飛扶壁，顯得更加細緻好看。

從市中心前往索爾茲伯里大教堂（Salisbury Cathedral）會先經過一座典雅古樸的高街門（High

白色肋拱頂的迴廊

索爾茲伯里大教堂

Street Gate），它是進入教堂區的主要門戶。再往前走一些，眼前一片開闊處，出現了
壯觀又細緻的大教堂和高聳的尖塔，就是著名的索爾茲伯里大教堂了。她是歐洲第二
大天主教堂，擁有英國最高的尖頂（123 公尺），以及全世界僅存的四部大憲章（1215
年版）中保存最完好的一件。還有，歐洲仍可運轉的最古老時鐘（1386 年）也在這裡。

　　大教堂建於 1220 年，花了三十八年完成，是英國最早期的哥德式建築。精雕的石
像和細緻的壁飾布滿了整面外牆，莊嚴華麗，讓人感動敬服。進入教堂院落是另一個

皇家閣繁複又精細的裝飾

驚喜，這是英國最大的教堂迴廊和教堂院落，長長的迴廊設計得十分講究，上方是美麗的白色肋拱頂（Rib-Vaulted），對稱的牆面和窗台石雕，線條簡潔乾淨看起來非常舒服。大庭院中，兩棵高大茂密的樹撐起了一地綠蔭，一群小朋友坐臥在草地上寫生。雖然我們不是教徒，但靜坐在這裡，心中也充滿了喜樂。

布萊頓皇家閣

這回旅行最南的一個城市是布萊頓（Brighton），吸引我們來一探究竟的是一座很特別的建築：皇家閣（Royal Pavilion）。它曾是英國皇室在布萊頓的住所，1787 ～ 1823 之間由當時的王儲喬治親王，也就是後來的英王喬治四世所建。最初這裡只是一戶農舍，也是親王和他的情婦瑪麗亞在海邊的一個隱密居所，經過了逐步擴建及設計裝潢，才成為後來的樣貌。

由於 19 世紀英國與印度及中國有密切貿易往來，因此這座王宮最特殊之處，就是完全以當時盛行的東方題材來精心打造，外觀是印度式建築風格，內部裝潢則是英倫三島首見、極端奢侈的中國情調。

皇家閣在布萊頓市中心十分搶眼，因為它的特殊建築和周邊環境，甚至整體英國風格相對比都顯得很突兀。這一整片印度皇宮般的米白色建築十分壯觀，繁複又精細的裝飾令人驚嘆。一長列的房子採對稱方式，中央屋頂是拔高的洋蔥頭，左右延伸的兩翼各有一座較小洋蔥頂，再左右延伸是對稱拉高的尖塔頂。每片屋頂上都有許多裝飾，讓人看得眼花撩亂。

王宮內部的中國風格裝飾也不遑多讓，不論是掛著巨大銀色飛龍吊燈的宴會廳，還是貼著手繪中國壁紙的寢宮，或是蓮花燈高掛圓頂鍍金天花板的音樂廳等，都極盡奢華之能事。不過也是皇家閣這樣奇異的內外組合，造就了兩百年前的布萊頓時尚。

維多利亞女王即位後，由於她並不喜歡布萊頓及皇家閣缺乏私人空間，因此便在 1850 年將房產賣給了市政府作為博物館。這座皇家時尚之宮對外開放後，參觀過的人對於它的觀感也非常分歧，不過喬治親王為布萊頓打造一處東方的奇幻異境，吸引了每年四十萬絡繹不絕的訪客，可是不爭的事實喔！

info

★索爾茲伯里
· 網站：www.visitwiltshire.co.uk/salisbury/home

★索爾茲伯里大教堂
· 開放時間：每日 7:15am ～ 6:15pm。
· 網站：www.salisburycathedral.org.uk

★皇家閣
· 票價：成人 £9.8，兒童 £5.6。
· 開放時間：每日開放。10 月至隔年 3 月 10:00am ～ 5:15pm。4 ～ 9 月 9:30am ～ 5:45pm。12 月 24 日下午及 12 月 25 日、12 月 26 日關閉。
· 網站：www.brighton-hove-rpml.org.uk/RoyalPavilion/Pages/home.aspx

威爾斯
Wales

鐵環城堡康威

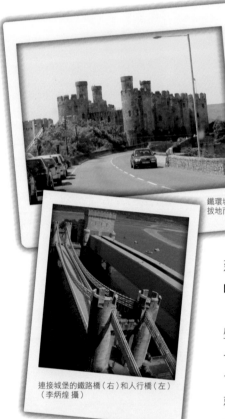

鐵環城堡
拔地而起

連接城堡的鐵路橋（右）和人行橋（左）
（李炳煌　攝）

公路的盡頭，一座由環狀塔樓組成的巨大堡壘拔地而起，將後方的小城嚴密地隱蔽起來，正是一堡當關萬夫莫敵的磅礴氣勢。我顧不得阿班還在開車，興奮地拍打著他的臂膀：「哇！這就是鐵環城堡！」

一座具軍事優勢的防禦性城堡

鐵環城堡代表著威爾斯被英格蘭征服的一頁滄桑史。13 世紀末，英王愛德華一世為了征服威爾斯並鞏固占領地，在北威爾斯興建了四座環狀堡壘 Conwy、Caernarfon、Harlech 及 Beaumaris，全部出自當時的軍事建築專家詹姆斯喬治（James of St. George）之手。這些造型特殊如銅牆鐵壁般堅固的城堡群，都在一日距離的鄰近地區，成為一系列防禦城堡，後來就被稱為鐵環（Iron Ring）。在 1283 ～ 1289 年間完成的康威城堡（Conwy Castle），就是鐵環中的一個主要堡壘，也是中世紀歐洲最偉大堡壘之一。歐洲歷史學家認為，這是愛德華一世所興建的威爾斯城堡當中，最雄偉且無可比擬的一座。

扼守亞芬康威河口（Afon Conwy）的康威城堡，是一座極具軍事優勢的防禦性城堡，如帷幕般的高大城牆和八個環狀巨塔，讓它固若金湯。除了軍事作用

極具軍事優勢的城堡外牆

之外，愛德華一世也賦予鐵環城堡一種政治意涵，讓它本身具有的恫嚇力懾服及壓制威爾斯人，徹底消除他們的對抗念頭。

到了康威城堡才讓人真正見識到何謂嚴密防禦。爬上城垛就可以清楚地看出它緊密的結構，建在河口岬角岩層上的城堡略呈長方形，八個環狀巨塔兩兩相對平均分布於四角及兩側，像是緊箍住城牆的盾甲，第二對環狀塔中間有道厚 4.6 公尺的牆，形

下方區域是外庭院

成內外庭院以加強防禦功能。靠近河口的四座塔之上還各建了更高聳的瞭望塔，以監視城外動態。外庭院（Outer Ward）配置著大廳、禮拜堂、廚房，以及駐軍宿舍和監獄塔樓，內庭院（Inner Ward）則是皇室成員生活起居的區域。

如今已成供人憑弔的歷史古蹟

到了現在，將近八百歲的城堡已經成了供人憑弔的歷史古蹟，並列入世界遺產保護名單。堡內的建築只有八座圓塔和城牆大致完整無缺，塔與塔之間的城牆上有通道，但並不是每座塔都相通，因此我和阿班就在這裡忙著爬上爬下，氣喘吁吁。

不過每當我們爬上一座圓塔，都會立即被眼前風景所吸引而忘卻辛苦。在城堡正前方的國王塔（Kings Tower）下方，有跨接康威城的三座橋，中間是全世界第一座懸索橋，於 1826 年完成只供行人通行；右邊是建於 1849 年的鐵路橋樑，以灰色鋼材包裹成箱型，在橋兩頭還各建了一座小型堡壘門，讓鐵道橋外觀完全融入中世紀石頭城

年輕女孩是向過去還是未來招手　　　　　　　　　　　　　　　　　城堡南側是連綿的綠色山丘

牆之中。左邊是現代的公路橋樑，我們就是由此開車進入康威城。

　　國王塔的對面是教堂塔（Chapel Tower），塔上可以看見康威港和整片沙灘，河面上帆影點點，對岸山丘下積木般的房舍，如詩如畫。城堡的南側倚著城外連綿的綠色山丘，一隻隻白色綿羊散落在草地上；另一邊是古城牆延伸包圍住的中世紀康威小鎮，一幅幅都是承平時代的迷人風景。

　　愛德華一世千挑萬選的要塞堡壘，現在成為各地訪客憑弔歷史和欣賞美景之處。數百年前攻伐征戰的噩夢已悄然遠去，城牆上一隻灰白色的燕鷗精神奕奕地望著遠方，也許，牠才是這座鐵環城堡最稱職的現代守望者。

★康威城堡

・門票：成人£4.8，優待票£4.3。
・開放時間：每天早上 9:30am ～ 5:00pm，暑假至 6:00pm。11 月至隔年
　2 月周一至六 10:00am ～ 4:00pm，周日 11:00am ～ 4:00pm。元旦及聖
　誕假期關閉。
・電話：(01492) 592358
・相關網站：康威 www.conwy.com、威爾斯及康威城堡 www.castlewales.
　com/conwy.html。

康威古圍城

康威最獨特而迷人的畫面

夕陽下的
河面

歐洲的古老小城鎮中，有許多屬於中世紀的「圍城」（Walled Town），那是在連年征伐的年代，為了自我防禦或固守占領地，往往會修築城牆將小鎮環圍起來，城中有街道、住宅及商店等完整的生活機能，成為獨立而封閉的小世界。康威就是典型的圍城，而且是少數能夠完整保存下來的一座。

登上圍城縱覽

康威城堡是小城的防護堡壘，從城堡左右兩側延伸出的城牆像一雙手臂一樣，將康威古城緊密環抱。城牆全長 1,200 公尺，上面有二十一座塔樓，氣勢頗為壯觀，是歐洲最好和最完整的城牆之一。

我和阿班幾天前才去過的英格蘭約克小城，也是屬於這種圍城，那是更早的羅馬時期所建。但康威小鎮更讓人驚豔，尤其是城牆上的步道可以環繞城區，縱覽整個小鎮和城堡。我們從沙灘一端爬上城牆，斑駁古牆道正對著康威河和後方的山丘，像是一幅恆古

這是英國最讓人回味的城牆漫步

河口的城堡為小城擋住外來侵犯

的風景，只有輕揚的帆船和岸邊紅磚小屋在流動的時光中穿梭，數百年的變與不變，
從城牆的視線當中也許只在彈指之間吧？

　　繞行在城牆上，遠望康威城堡對外扼守天險、對內護持小城，緊密關係一覽無遺。
扇狀小城內還保持著原始的中世紀風格，城外的新建住宅和山丘也都呈低度開發狀態，
自然和人文的景觀美得令人感動。站在這裡可以感受到康威對於保護歷史資產的用心，
進入城內的公路和鐵路，一律在城牆下或隧道低調穿越，現代化和古蹟的輕重與平衡，
康威人了然於心。

耐人尋味的小鎮

　　康威城所在地本來是一座修道院，英王愛德華一世占領後將修道院遷移到山谷中，

並獎勵英格蘭人移民到此，促進了康威的發展與繁榮。現在鎮中心的聖瑪麗教堂（St. Mary's Church），仍保留了修道院的部分牆壁。14 世紀的亞伯康威宅邸（Aberconwy House），是康威唯一倖存的中世紀商人房子，也是最早期的一批建築。另外一棟普拉斯茅威（Plas Mawr）豪宅，建於 1576 年，經過全面維修，現在已恢復 16 世紀時的外觀，是英國保存最好的伊莉莎白時期小鎮住宅。

在碼頭邊一整排白色房子當中，夾著一棟醒目的紅色迷你屋，看起來十分有趣，我站在門口雙手展開就占了整面牆五分之四的寬度。兩層樓的小屋僅高 3 公尺、寬 1.8 公尺，是大不列顛最小的房屋，並列入金氏世界紀錄

小紅屋是大不列顛最小的房子（李炳煌 攝）

中。但也別小看這小房子，它從 16 世紀起就有人居住。最後一位住戶是漁夫羅伯瓊斯（Robert Jones），他身高達 190 公分幾乎無法在屋內站立，但居然也住了十五年之久，直到 1900 年當地議會宣布不適合人類居住而被強制遷出。現在房子還是屬於他的後代，付 1 英鎊就可入內參觀。

揮別沉重的歷史過往，現代的康威建立了獨特的文化和幽默，讓人不捨得離開。

★ Aberconwy House
· 開放時間：每天 10:00am ～ 5:00pm。暑假每周開放 7 天，3 ～ 6 月及 9 ～ 10 月的每周二關閉，11 月至隔年 2 月中關閉。
· 地址：Castle Street, Conwy LL32 8AY
· 電話：(01492) 592246
· 網站：www.nationaltrust.org.uk/main/w-aberconwyhouse

★ Plas Mawr
· 門票：成人£5.2，優惠票£4.8。
· 開放時間：4 月 1 日至 9 月 30 日周二至日 9:00am ～ 5:00pm。10 月 1 ～ 31 日周二至日 9:00am ～ 5:00pm。
· 電話：(01492) 580167
· 網站：www.conwy.com/plasmawr.html

info

威爾斯登山觀湖記

綿長的登山步道

斯諾登山下一處美麗的湖景

我和阿班在威爾斯的康威小城住了兩晚，知道附近有個國家公園，愛遊山玩水的兩人當然不會錯過。

威爾斯有三座國家公園，我們去的是位於北部的斯諾多尼亞國家公園（Snowdoina National Park），公園內有座斯諾登山（Snowdon）海拔 1,085 公尺，是威爾斯的最高山，最吸引我們的是可搭乘高山小火車到山頂。

百年的高山鐵道

這天是個晴朗的日子，我們順利找到可愛的小火車站蘭貝里斯（Llanberis Station），未料早上的車票已全部賣光，下一班還要等將近 4 小時。原來這小火車每班車只有一節車廂，看來前一天旅遊中心建議預先訂票還是有道理的。

下午三點我們終於坐上小火車了。這條高山鐵道已經有一百多年的歷史，為了爬坡需求，兩條鐵軌中間還有一條凹凸軌道的特殊設計，讓火車齒輪可以卡在鐵軌上穩穩前進。我們那班是柴油車，若想搭傳統的蒸氣車頭還得碰點運氣。小火車的車廂很小，相對而坐的非字形位子有點擁擠，好在窗外風景怡人，許多健行者在小徑上走著，雖然是緩坡地形，但也得要有足夠的耐力和毅力才能走完

全程，坐在火車上望著他們不由得心生佩服。

　　火車出發後，穿越兩座山谷上的高架橋及一座瀑布，過了樹林區景色豁然開朗。山區沒有森林覆蓋，地形是開闊的草坡，放眼望去毫無遮攔令人心曠神怡，有一種大山的恢宏氣勢。這也是蘇格蘭、英格蘭及威爾斯的一個共通點，幾乎看不到崇山峻嶺。

　　小火車到山頂共四站，終點站就是斯諾登山的最高點 The Summit，上面有一座 2009 年才開放的遊客中心。如果遇天候不佳或冬季，火車就只到第三站 Clogwyn，甚至停至更前面的 Rocky Valley。這回不知是否山上起霧，我們的小火車停在第三站，接了上一批旅客便下山，我們可以有半小時四處走走，等待下一班火車返回。

　　站在這一片平坦草坡上，遠眺群山及阡陌湖泊，整幅全景山水呈現在眼前；身在遼闊的天地之間，人和自然似乎已經融為一體，有些人乾脆就躺在草坡上，享受純粹的陽光和空氣。這一趟登山小火車之旅，全程約花 2 小時，非常值得。

威爾斯板岩博物館

趣味小徑

位於斯諾多尼亞山區邊的蘭貝里斯小鎮，緊鄰著一個長 1.8 公里的大湖萊恩貝利斯（Llyn Peris），除了登山火車之外，還有一條繞湖的蒸氣火車路線，並且規劃了許多腳踏車道和登山健行步道。我們在等待搭登山小火車的空檔，也充分利用時間逛逛。

環湖火車班次和座位都很多，隨時可以上車，但我和阿班決定將搭小火車的樂趣留待上山享用。先去參觀附近的威爾斯板岩博物館（Welsh Slate Museum），原先這是一座建於 1870 年的板岩工廠，現在展示了各種採礦工具，以及工人的房舍等。煤礦曾經是威爾斯最大的經濟來源，但 1970 年代，英國首位女首相柴契爾夫人在評估採礦成本遠高於利潤後，決定關閉全國所有的煤礦，當時引發了不少抗爭，但也因此地方政府轉而發展觀光資源，現在無煙囪的觀光業已經是威爾斯最大的收入，政府和當地民眾都成為贏家。

附近的礦山現在都還看到如梯田般外露的礦層，山腳下有英文和威爾斯文標示的山林小徑。我們在小徑有一段趣味漫步，繞個彎就見到綠蔭掩映的碧湖和戲水鴨兒，再爬個小坡又望見遠山近湖，走走又感覺這裡像是一個採礦教室，許多採礦的設施隨處可見，好像礦工們隨時可以捲起袖子開始工作呢！

蘭貝里斯小鎮的山和湖，令人回味。

info

★蘭貝里斯

· 火車：最近的火車站是離蘭貝里斯約 13 公里的 Bangor 站，轉搭巴士抵達。
· 查詢電話：(0871) 2002233
· 網站：www.traveline.info

★登山小火車

· 票價：山頂來回票成人£25，兒童£18（因故未到山頂會退差額）。在網路或電話（需信用卡）預購可享折扣價。
· 開車時間：3 月底至 10 月底每天開出。第一班火車為 9:00am，從山頂開出最後一班為 5:00pm。
· 電話購票：(0844) 4938120
· 蘭貝里斯登山火車：www.snowdonrailway.co.uk
· 斯諾多尼亞國家公園：www.eryri-npa.gov.uk/home

倫敦

London

國會大廈、西敏寺

西敏寺的中殿外可見到特殊的飛扶壁

國會大廈一角

大笨鐘就在這座鐘樓內

西敏宮

到了倫敦，不能免俗地要把市中心的著名景點先巡禮一回。

在倫敦第一個要看的就是市中心的西敏宮（Palace of Westminster），又稱為國會大廈（Houses of Parliament）。這原是中世紀時英國王室的主要居住地，現在是英國國會的所在。西敏宮是哥德式建築的代表作之一，1987 年被列為世界文化遺產。

在陰霾的天色中，泰晤士河西岸的西敏宮散發著

鼎鼎有名的國會大廈及大笨鐘

一種沉穩安定的力量。這是一棟極為宏偉而巨大的建築,擁有一千一百個獨立房間。外部垂直和對稱的設計讓整棟建築看起來莊嚴肅穆。宮殿建築基本上由 19 世紀重修而來,但依然保留了初建時的許多歷史遺跡,像是 1097 年的西敏廳,現在用作重大的公共慶典儀式。

　　1834 年發生的一場火災幾乎將西敏宮完全燒毀,今天的宮殿由建築師查爾斯‧巴里爵士(Sir Charles Barry)和他的助手奧古斯塔斯‧普金(Augustus Welby Pugin)設計完成。西敏宮設計包括了數座塔樓,最高的就是西南廣場的維多利亞塔。位在西北角的西敏宮鐘塔(Clock Tower)頂部是一座巨大的四面時鐘,常被誤以為就是著名的大笨鐘(Big Ben),其實大笨鐘是指鐘樓內五座銅鐘之中最大的一座。從 1859 年 7 月啟用起,每隔 15 分鐘敲響一次。

西塔是西敏寺的大門

西敏寺精雕細琢的北側入口

西敏寺

　　跨過西敏宮前的馬路便到了西敏寺（Westminster Abbey），這是一座大型哥德式建築風格的教堂，有一千年的歷史，1987 年被列為世界文化遺產。不過在 1579 年以後，教堂就已經改名為「西敏市聖彼得牧師團教堂」（The Collegiate Church of St Peter at Westminster），只是華人社會仍習慣稱為西敏寺。

　　英國皇室的重要儀式幾乎都在西敏寺舉行。其中最重要的當然是英皇登基大典，從 1066 年到現在，除了兩次例外，西敏寺一直是英國君主加冕登基或安葬的地點，忠實地記錄了英國皇室的興衰起落歷史，另外達爾文、狄更斯、牛頓及邱吉爾等世界知名人物也都長眠於此。1953 年現任的伊莉莎白二世女王就任是最近的一次加冕禮，而最新的皇室婚禮就是 2011 年 4 月舉行的威廉王子和未婚妻凱特的結婚大典。

　　西敏寺的哥德式建築有著灰色屋頂，在斑駁的牆面上，以雕刻和鑲嵌的圖案裝飾，顯現了華麗而典雅的風格，以及非凡的建築藝術，它最大的特色就是飛扶壁和西塔。飛扶壁位於中殿兩側是相當特別的設計，是作為結構的支撐，也是一種外觀的裝飾。1745 年完成的西塔是由尼可拉斯‧霍克斯莫（Nicholas Hawksmoor）所設計的雙塔風格，這也是教堂最後階段的建築。

西敏寺顯現了非凡的建築藝術

　　西敏寺已成為倫敦最受歡迎的旅遊景點之一。只是 16 英鎊的收費對旅行者還是不
小的負擔，我們在庭院拍照時，聽見一位美國女人忿忿不平地跟她的同伴說：「16 元！
英鎊！」令人莞爾。

★國會大廈
· 交通：地鐵至 St. James 站或 Westminster 站。
· 入場費：成人 £15，優惠 £10（學生及六十歲以上長者），兒童 £6。
· 開放時間：周六 9:15am ～ 4:30pm，夏季 7 月 29 日至 9 月 3 日、9 月 19 日至 10 月 1 日。
· 國會大廈官網：www.parliament.uk
· 大笨鐘：www.britainexpress.com/London/Big_Ben.htm

★西敏寺
· 入場費：成人 £16，優惠 £13（十八歲以上學生及六十歲以上長者），學生 £6（十一至十八歲），十一歲以下兒童免費。
· 開放時間：主教堂周一至五 9:30am ～ 4:30pm，周六 9:30am ～ 2:30pm。
· 西敏寺官網：www.westminster-abbey.org

倫敦巡禮之二
倫敦眼、塔橋、倫敦塔

聳立在泰晤士河畔的倫敦眼
（李炳煌 攝）

哥德式塔橋

倫敦塔的「叛徒門」

倫敦眼

　　從西敏宮就可以望見倫敦的新地標：倫敦眼（London Eyes）。它是一座高 135 公尺的巨大摩天輪，位在泰晤士河的東岸，跟大笨鐘隔河相望。初見時感覺它在古老的倫敦是一座很突兀的龐然大物，但遊過泰晤士河之後，就有了不同的體會。

　　2000 年 3 月啟用的倫敦眼，又稱為千禧摩天輪，也可說是一座移動式的觀景台，是欣賞泰晤士河及倫敦景觀的好去處。倫敦眼高 135 公尺，是當時世界最高的一座摩天輪，可以乘載多達八百名旅客。從 2003 年除夕起開始施放跨年煙火，每年除夕都吸引了約七十萬的觀光客，成為倫敦最亮眼的一個景點。

倫敦塔橋

　　倫敦塔橋（Tower Bridge）是從泰晤士河口由東進入倫敦的第一座橋，因此被譽為「倫敦正門」。19 世紀時因經濟繁榮，大型船隻出入頻繁，瀕臨河口的倫敦需要有一座讓行人及船隻都能通行的橋樑，因此自 1886 年開始興建，歷時八年完成了橋面可以張合的倫敦塔橋。

倫敦橋是倫敦的大門

　　依照一本旅遊書指示的時間，我和阿班興匆匆地到倫敦塔橋下找了個好位置，等著欣賞塔橋開啟讓船隻通過的景觀。但時間一分一秒過去，塔橋依舊紋風不動，最後我們上橋一探究竟，才知大船通行是依照申請需求而排定，並沒有每天固定的時間表，不過可以先上塔橋網站去查詢。

　　倫敦塔橋由兩端的門樓和中間的二座主塔組成，採用了中世紀及維多利亞時期新哥德式裝飾。高 35 公尺的主塔造型古樸厚重，好似兩座堡壘跨坐在河上。橋的兩旁有人行道可供行人穿越及欣賞河景，如要進入塔橋參觀需另購票，除了可看塔橋博物館之外，雙塔上層有兩條空中走廊可以眺望景觀，另外還有餐廳、貴賓廳等可供租用辦理婚禮或宴會。

　　有一首風行全世界的童謠「倫敦鐵橋垮下來」（London bridge is falling down, falling down, falling down⋯），許多人都以為指的就是倫敦塔橋，然而這首歌於 1744 年出版，塔橋是在一個世紀之後才誕生呢！正確的答案是位在塔橋隔鄰的倫敦橋（London Bridge）。倫敦橋於近兩千年來由於數次的摧毀，曾重建過木橋、石橋等不同材質的橋，1014 年英王艾薩雷得（King Ethelred）為抵抗丹麥人的入侵，下令燒毀了木橋，據說童謠情節就由此而來。目前的倫敦橋是於 1973 年完工開放。

倫敦塔

令人毛骨悚
然的倫敦塔

　　塔橋北岸座落著九百多年歷史的倫敦塔（Tower of London），除了曾經作為堡壘、宮殿、監獄及刑場之外，在 13 世紀時還有一座皇家動物園呢！倫敦塔護城河圍繞的牆腳下還有一個叛徒門（Traitor's Gate），據說許多監獄時期的死刑犯，都是由此坐船入塔的。

　　數百年來倫敦塔充滿了恐怖和血腥事件，成為英國宮廷鬥爭的歷史縮影。它曾是上層階級囚犯的監禁所，也是多位皇室貴族的處死地，包括愛德華四世的兄弟克萊倫斯公爵、愛德華四世的兩個兒子，以及愛德華五世和他的兄弟約克公爵。另外，被控背叛亨利八世的安妮皇后，也於 1536 年在倫敦塔被斬首。籠罩在層層的死亡陰影下，倫敦塔有著各種鬼魅傳說，還有人聲稱見到安妮皇后腋下挾著頭顱在迴廊中飄然來去，令人毛骨悚然。

　　不知是不是有感於倫敦塔冤氣太重，塔內飼養了七隻聒噪的大烏鴉帶來一些生氣，傳說牠們若飛離了倫敦塔，英國便會遭逢厄運。為了尊重古老傳說，這些烏鴉由政府負擔飼養開支，牠們被剪除了部分羽翼失去飛行能力，以確保不會離開倫敦塔。這幾隻烏鴉還都被取了名字，成為塔裡的吉祥動物。

★倫敦眼

・地鐵站：Waterloo（最近的一站）、Embankment、Charing Cross，以及 Westminster 皆可。
・票價（網路購票另有 10%折扣）：成人£18.9，兒童£9.9（四至十五歲），優惠£15。
・開放時間：每天 10:00am ～ 8:30pm，4 ～ 8 月關閉時間最晚至 9:30pm。
・官網：www.londoneye.com

★倫敦塔橋

・地鐵站：Tower Hill、London Bridge。
・開放時間：4 ～ 9 月 10:00 ～ 18:30，10 ～ 3 月 09:30 ～ 18:00。
・票價：成人£8，兒童（五至十五歲）£3.4，優惠£5.6。
・網站：www.towerbridge.org.uk/TBE/EN

★倫敦塔

・地鐵站：同倫敦塔橋。
・票價：成人£19.80，十六歲以下£10.45，學生或六十歲以上£17.05。
・開放時間：3 ～ 10 月周二至六 9:00am ～ 6:00pm，周日至一 10:00am ～ 6:00pm。11 月至隔年 2 月周二至六 9:00am ～ 5:00pm，周日至一 10:00am ～ 5:00pm。12 月 24 ～ 26 日、1 月 1 日關閉。

白金漢宮湊熱鬧

維多利亞女王及花園

英姿煥發來回巡邏的騎
警隊是眾人聚焦之處

白金漢宮
正門這才
開啟

英國女王伊莉莎白平常在白金漢宮工作，周未通常會回到溫莎城堡。我和阿班到白金漢宮不是去看女王，當然也看不到啦！對我們來說，衛兵交接儀式要更有趣，雖然一向很怕人擠人，但這回可顧不著這麼多了。

英國王室的正式宮殿

衛兵交接是在十一點半，我們一早出門先到白金漢宮前的林蔭大道（The Mall）走走，這條大道一頭接維多利亞花園，另一頭與特拉法爾加廣場相連。維多利亞花園是一座環狀的小公園，維多利亞女王化身為展翅的金色天使，手持權杖高踞在白色大理石的基座上，她面對著林蔭大道，身後就是白金漢宮。

18世紀初，一位白金漢郡公爵興建了一座大型府邸「白金漢屋」，喬治三世把它買下來作為王后的私人宮殿，成為後來白金漢宮的主體建築。此後宮殿的擴建工程持續超過了七十五年，主要由建築師約翰・納西（John Nash）及愛德華・布羅爾（Edward Blore）主持，並且改

名為白金漢宮（Buckingham Palace）。1837 年維多利亞女王登基後，皇室由聖詹姆斯宮遷往這裡，白金漢宮就此成為英國王室的正式宮殿。

　　白金漢宮正面廣場圍著鑄鐵柵欄，是皇家衛隊交接儀式的場所。我們提前 1 小時抵達，這時大門左右兩側已是滿滿人群，於是我們趕快在對面馬路邊站定。人潮不斷增加，幾乎每人手上都有一台相機，這景象實在有趣。雖然主戲還沒上場，但可以感覺到現場的情緒逐漸高漲，按捺不住的各式相機紛紛舉起，來回巡邏的騎警隊就成了眾人聚焦之處，他們不分男女，穿著白襯衫、黑背心，配上黑色緊身馬褲及黑長靴，騎在高大的黑色或白色駿馬上，真是英姿煥發。

衛兵交接儀式

　　禁衛軍終於進場了，他們由正門右手邊的馬路出現。頭戴毛茸茸的黑色高帽，穿著紅黑制服，遠看就像玩具兵一樣。先是一組約四十人的軍樂團，由喇叭、軍鼓、笛子等多種樂器組成，吹吹打打的通過我們正前方，隨後跟著也是紅黑制服肩扛刺槍的儀隊，他們依序進入白金漢宮的左側門。

　　這時情勢丕變，站在白金漢宮鐵鑄圍牆外的遊客全部向後轉，大小鏡頭對準圍牆內的衛兵交接，真正的儀式是在圍牆之內舉行，此時我們只能遙望欄杆和眾遊客的背

禁衛軍樂隊進場

影了。回頭看看我們身後，也是重重疊疊的人群，雖然隔街看熱鬧，但我們這第一排的位置顯然也是不錯的啦！

　　約半小時後衛兵交接完畢，王宮正面的鐵柵門首次開啟。先是軍樂團吹奏出場，後面接著是肩扛刺槍的黑衣警衛隊，這兩組人馬都在大門口右轉離開。接著大門內又一樂團出現，他們穿著同樣的黑褲紅上衣，但整件上衣裝飾得十分炫目，是今天所見服裝最華麗的一組。後面跟著就是儀隊，這兩組人馬出正門後左轉，經過我們面前朝綠公園方向離去。兩方隊伍漸行漸遠，衛兵交接儀式到此就全部結束，遊客陸續散去，幾個不肯走的小朋友還攀著欄杆張望。

　　這回沒見到騎兵團和馬車隊，不知是否有季節性或節日的區分，不過這個旅行當中穿插的節目，看衣著鮮亮的衛兵和來自世界各地的遊客，也看在我們旁邊一直搞笑的一位警察大叔，真是熱鬧又有趣。

info

★白金漢宮

- 地鐵站：Victoria、Green Park、St. James Park。
- 禁衛軍交接儀式：4 月中至 7 月底，每天 11:30am。其他月份隔天舉行一次，儀式約 45 分鐘。
- 白金漢宮入內參觀：每年約 8、9 月間對外開放（必須預約）。
- 入場費：成人 £18，學生及 60 歲以上 £16.5，學生（十七歲以下）£10.25，兒童（五歲以下）免費。
- 2012 年時間：7 月 31 日至 9 月 30 日 9:45am ～ 6:00pm（入場至 3:45pm 截止）參觀時間需 2 ～ 2.5 小時。
- 官網：www.royal.gov.uk
- 售票：www.royalcollection.org.uk/default.asp?action=article&ID=437

倫敦氣質之旅

泰特現代美術館的寬敞空間（李炳煌 攝）

V&A
的展場

V&A 的展場

大英博物館

　　倫敦最吸引人的一點，就是大部分的博物館和美術館是免費的。要知道，英國是全世界博物館密度最高的國家，而倫敦就是博物館的首都。

　　大英博物館（British Museum）是世界上規模最大、最著名的博物館之一，豐富的館藏品達八百多萬件，一下子看太多容易消化不良，因此我和阿班只挑幾個有興趣的展覽室，不貪多，慢慢看。博物館也貼心地規劃了 1 小時或 3 小時的自由參觀路線，讓時間有限的人也可以欣賞到館藏精華。

　　一樓大廳的鎮館展覽是古埃及和希臘的文物，大面積的展場陳列了許多體積龐大而沉重的古文物，讓人驚嘆不已。姑且不論英國人是從各國搜括或保護了這許多的古文物，作為一位純粹的觀賞者，站在人類文明初始和展延面前，深深的感動不禁油然而生。在中國展場，西元 2000 多年前精雕細琢的玉器，經過了遙遠的歲月和路程，和我們在倫敦不期相遇，感受自是特別深刻。

維多利亞及亞伯特博物館

　　若說大英博物館是歷史文明的回顧，維多利亞及亞伯特博物館（Victoria and Albert Museum，簡稱

V&A）就是當代藝術的經典。V&A 創立於 1852 年，是全世界以「應用和裝飾藝術作品」為主題的博物館中，規模最大的一座。館內活潑而具創意的作品，非常吸引人。

我們一進大廳就被天花板垂掛的巨大裝飾所吸引，繽紛熱鬧像無數個小氣球加上藤蔓，完全是手工吹製的玻璃組合而成，天藍和鵝黃色調讓古典的大廳變得活潑生動。這是著名美國藝術家戴爾胡利（Dale Chihuly）的作品，他的玻璃藝術革命，讓玻璃從工藝品晉升到藝術殿堂。

V&A 有四層樓的展廳，展出品囊括了陶瓷器、家具、衣裝類、銀器、寶石、金屬器具和雕刻繪畫等藝術作品。V&A 本身自許為現代設計師的靈感泉源，也收藏及展出許多各國文物，藏品總數約三百萬件，都是來自世界各地的頂級精選。

博物館有一個漂亮的中庭，來這裡散散步是一大享受。磚紅色的古典建築圍繞著中央一方池水，V&A 的建築非常好看，拱門窗及廊頂上繁複細緻的雕刻和壁飾，讓建築本身就成為一個典雅的藝術品。

泰特現代美術館

我初次見到泰特現代美術館（Tate Modern）是經由一張照片，那是在台北故事館的一項展覽，一座造型簡潔的鋼架橋連接著現代美術館，想像經由這座橋就可通往一個迷人的藝術世界，讓人悠然神往。

泰特美術館位在泰晤士河南岸，和北岸的聖保羅大教堂遙遙相望，引領著人群走向美術館的是橫跨泰晤士河的千禧橋（Millennium Bridge）。這座是由 1982 年關閉的

V&A 是當代藝術的經典

豐潤圓柔的維納斯雕像

美術館樓上望向聖保羅教堂

皇后劇院

大英博物館

火力發電廠改成的美術館，最大特色是大量保存廠房的原始面貌，像是大煙囪及寬敞的發電機房。以老建築賦予新生命的方式，取代全面設計新空間的概念。

2000 年 5 月開幕的泰特美術館，展覽品是以 1900 年後的現代藝術為主，包括 20 世紀具領導地位的藝術家如畢卡索（Picasso）、安迪沃荷（Andy Warhol）及達利（Dalí）等大師級的作品，現在泰特已成為英國最主要的現代美術館。

位在泰晤士河對岸，還有一座泰特英國美術館（Tate Britain），這就是原來的泰特美術館，因為展場空間不足才一分為二。泰特英國美術館以英國藝術作品為主，可以觀賞超過五百年的創作，包括許多著名的英國藝術家，這兩個館之間還有專屬的渡船可以互通呢！

觀賞歌劇「悲慘世界」

倫敦大小博物館及美術館兩百多座，短期訪客再精挑細選也只能嘆時間不夠分配。此外，倫敦還是世界上戲劇活動最發達的城市，觀賞歌劇也是不容錯過的雅事。

我們選了雨果的「悲慘世界」（Les Miserables），它從 1985 年在倫敦首映到現在，是倫敦西區上演期最長的音樂劇。進入百年歷史的皇后劇院（Queens Theatre），依然可見昔日風華。將近 3 小時的演出，氣勢磅礡的場景、動人心弦的劇情和樂曲，帶給現場的感受非常震撼，整個身心又好似浸入了甘露，豐潤而華美。

想品嘗甘露的滋味嗎？不妨來趟倫敦「氣質之旅」吧！

★ **大英博物館**（免費）
· 地鐵站：Holborn、Russell Square、Goodge Street。
· 開放時間：每天 10:00am ～ 5:30pm。
· 官網：www.britishmuseum.org

★ **V&A 博物館**（免費）
· 地鐵站：South Kensington（綠線、黃線、深藍線）。位於 Piccadilly 大街、Circle 和 District Line 三條地鐵線上。
· 開放時間：每天 10:00am ～ 5:45pm，每周五 10:00am ～ 10:00pm。12 月 24、25、26 日閉館。
· 官網：www.vam.ac.uk

★ **泰特美術館**（免費）
· 地鐵站：Southwark（Jubilee 線）或 Blackfriars（District 與 Circle 線）。
· 開放時間：周日至四 10:00am ～ 6:00pm，周五至六 10am ～ 10pm。12 月 24、25、26 日閉館。
· 官網：www.tate.org.uk/modern

★ **皇后劇院**
· 地鐵站：Piccadilly Circus。
· 倫敦劇院官網：www.london-theatreland.co.uk

時間之始　格林威治

天文中心

互動式的
天文教育

「格林威治標準時間」（Greenwich Mean Time，簡稱GMT）一定聽說過吧？約一百年之久全世界的標準時間都由此而來。這號稱時間與經度的發源地，位於倫敦東郊的格林威治公園，也是最古老的皇家公園內。於是這一天參觀天文台及郊區公園野餐的計畫，讓在倫敦市區住了近一周的我們，充滿了郊遊的期盼和雀躍。

格林威治皇家天文台

牧羊人時鐘

格林威治皇家天文台（Royal Observatory）是英王查理二世於 1675 年所建，座落在格林威治公園中央、俯瞰著泰晤士河的一座小山丘上。所謂格林威治標準時間，就是從北極到南極的 0 度經線，也就是本初子午線（Prime Meridian）被定義通過這座天文台，以這裡的時間為標準來推算世界各地的時間。但由於地球每天的自轉是有些不規則的，而且還在緩慢減速中，因此現在 GMT 已經被 UT（Universal Time）正式

重 45 公噸的天文儀後方是天文中心

取代。由於鐵路電氣化及倫敦光汙染的影響，1924 年起，皇家天文台的運作部門已陸續遷離格林威治，並在 1998 年結束「營業」。現在的天文台已經劃歸國家海事博物館（National Maritime Museum），作為天文展示館。

　　天文台大門的外牆上，掛著一座的 24 小時電子時鐘，是由查爾斯‧謝菲爾德（Charles Shepherd）製作，並於 1852 年提供給格林威治。鐘面上標示著專利人謝菲爾德，因為他的姓氏直譯是牧羊人，所以這鐘常被稱為「牧羊人時鐘」。進入天文台的庭院，可以看見鑲嵌在地面上的一條金屬線，這便是虛擬的本初子午線，線的兩邊被定為東經和西經，也就是東西半球，因此許多遊客都會拍一張足跨東西半球的英姿作為紀念。入夜後，天文台會射出一道強烈的綠色雷射光，在天空中顯示這條線。

　　進入庭院就是格林威治天文台入口，我們跟隨著館中導覽入內參觀，裡面展出的天文歷史資料中有早期的天文望遠鏡、時鐘、地球儀等，另外還有一台全英國最大的 28 吋天文望遠鏡。不過這座向來免費的天文台，從 2011 年 3 月起，部分場館包括熱門的本初子午線庭院已開始收費了。

天文中心

　　天文台後方是天文中心，在 2005 年耗費 1 千 5 百萬英鎊的改建工程，完成了互動式的天文教育展示，以及彼德‧哈里遜天文館（Peter Harrison Planetarium）。中心

海事博物館　　格林威治公園開闊的綠草地

前矗立著一座青銅錐體，這是重 45 公噸的天文儀，椎體內有歐洲第一部數位雷射天象投影機。這個巨大的天文儀被安置在本初子午線上、與地平面傾斜度為格林威治的緯度 51.5 度，天文館就在它的地底下，是倫敦唯一的天文館。

從觀景台遠眺泰晤士河

走出天文台，外面的小山丘是一處視野非常棒的觀景台，可以遠眺泰晤士河蜿蜒穿過倫敦市區。山丘下的格林威治公園裡，綠草如茵看起來非常舒服，盡頭的古典建築就是海事博物館、皇后屋及濱臨泰晤士河的舊皇家海軍學院。這包括天文台及公園在內的整片區域，以「海事格林威治」（Maritime Greenwich）為主題，在 1997 年時被聯合國科教文組織（UNESCO）列為世界珍貴遺產。

我們在格林威治最後的饗宴，是在大片開闊綠草地享用美味野餐。啜一口熱茶，視野自前方 17 ～ 18 世紀的古典建築群，遙向泰晤士河岸；溫暖的陽光下，大字形躺在草地上的阿班已經不省人事，我瞇著眼望去，碧藍天空中的朵朵白雲似乎也賴著不想走了。

★格林威治皇家天文台

· 交通：輕鐵（DLR）至 Cutty Sark 站。火車 Southeastern trains 至 Greenwich 站。地鐵 Jubilee Line 至 North Greenwich 站，
　轉乘巴士 No.188 或 No.129 至海事博物館。
· 費用：天文台展覽館（Flamsteed House）及本初子午線庭院成人 £7，十五歲以下免費。哈里遜天文館 £6.50，
　十五歲以下 £4.5。海事博物館藝廊、皇后屋及天文中心免費。
· 開放時間：周一至日 10:00am ～ 5:00pm。
· 國家海事博物館官網：www.nmm.ac.uk/index.php

info
英

科芬園探奇

走鋼索的表演者

被當街挾持的少女

維妙維肖
的狗兒

街頭藝人使出渾身解數

雖然知道科芬園（Covent Garden）並不是一座真正的花園，但也沒預期會是如此人潮洶湧、熱鬧滾滾的市集，所以當我和阿班在周末走進這裡時，還真是大吃一驚。

這裡洋溢著倫敦少見的青春活潑氣息，許多街頭藝人使出渾身解數留住路人，讓我們也立即受到了感染。剛走入街區看見一隻毛茸茸的狗兒懶洋洋地趴在小桌上，瞄一眼好像哪裡有些怪怪的，我停下了腳步研究，旁邊一位男士也好奇地探頭過來，嘎！這居然是一個人！他整個身體藏在小桌的圍巾下，竹籃中只露出裝扮成狗狗的面孔和一雙前腿，真是維妙維肖。

再走幾步，一座銀白色盔甲武士雕像突然拿起長劍挾持一位路過少女；另一頭穿著風衣大皮靴、定格在一瞬間的金色怪老頭，和擦身而過的年輕人形成一個有趣對比。而一家店門口，黑色椅子坐著一位男士，除了臉部以外，全身都被衣物包覆著。恐怖的是，就像隱形人一樣，他戴著眼鏡的臉龐竟是空的。

不遠處圍了一群人，我們也跑過去湊熱鬧。穿著燕尾服表演的男子正徵召現場志工，一位義大利小男孩在父母鼓勵下站

科芬園市場挑高的空間　　中庭咖啡十分熱鬧

出來，六歲的小帥哥架式十足，讓現場觀眾笑開懷，但過一會兒小帥哥玩夠了，於是宣稱：「不玩了！」表演者只好放人，這時冒出一位漂亮的小女孩自告奮勇出列，於是節目又繼續進行。

　　這許多新鮮有趣的事物，讓我們兩個人看得趣味盎然。歷史悠久的科芬園本身的變化也頗富戲劇性，中古時期原為修道院花園，在 16 世紀亨利八世的宗教改革中被沒收，17 世紀成為果菜市場，之後約三百年期間是供應倫敦市民鮮果的地方，後來因為都市的開發，又搖身一變成為購物市集的街區。市集的露天攤販和街頭藝人，都成為這裡的最大特色。

不一樣的倫敦風情

　　我們磨磨蹭蹭終於逛進了科芬園廣場，這座由玻璃和鋼鐵所覆蓋的建築，中庭周圍有許多風格特殊的商店，挑高的透明屋頂讓裡面採光十分充足。中庭傳來渾厚的歌劇唱腔，探頭一看，一頭銀白色及肩長髮的男子正在露天咖啡座即興演出；他一邊唱著情歌，一邊情深款款地牽起路過女子的手，男子或坐或跪，甚至耍賴式的躺在地上，惹得觀眾哈哈大笑。幾位路過女子雖然措手不及，但也都落落大方地配合演出，非常可愛。

　　科芬園地面樓商店種類繁多，在這裡消磨半天可以逛個過癮。一樓兩側分別是有四十多家商店的蘋果市集（Apple Market），裡面有各種手工藝品和獨特的骨董、家居

充滿歡樂人潮的科芬園街頭　　　沒臉的黑衣人

用品等。另一側的朱比利市集（Jubilee Market）是每天都會開放的跳蚤市場，有小古玩、衣服、手工藝品、紀念品等，等級屬於一般。

「窈窕淑女」拍攝場景

科芬園的名氣還來自於蕭伯納的作品「賣花女」，後來拍攝成電影「窈窕淑女」（My Fair Lady）的場景所在。女主角奧黛麗赫本飾演的伊萊莎（Eliza Doolittle），經由希金斯（Henry Higgins）教授不斷訓練，從粗俗的賣花女，搖身一變成為上流社會的淑女；科芬園就是奧黛麗赫本在此賣花而結識男主角的地方。

廣場內外都有許多室內及露天餐廳，在擁擠的餐桌和街道滿滿的人潮裡，一面曬曬太陽吹吹風，一面享受初夏的溫暖時光。要享受一個歡樂熱鬧的周末，或是想瞧瞧不一樣的倫敦，科芬園必定不能錯過。

★科芬園
info

· 地鐵站：皮卡迪利線（Piccadilly）Covent Garden。
· 費用：免費入場。
· 開放時間：周一至五 9:30am ～ 6:00pm，周日 9:00am ～ 6:00pm。
· 科芬園附近景點（約 500 公尺距離）：倫敦交通博物館（London Transport Museum）、劇院博物館（TheaterMuseum）、聖馬汀教堂（St. Martin in the Field）。
· 詳細搭車及科芬園資訊：www.coventgardenlondonuk.com

皇家公園散散步

水上的鳥巢

在倫敦逛公園是很棒的享受。白金漢宮對面就是綠公園（Green Park），東邊是聖詹姆士公園（St. James's Park）；再往西是海德公園（Hyde Park），接著是肯辛頓花園（Kinsington Gardens）。這幾個公園加上市區北面的攝政公園（Regent's Park），稍遠一些東南邊的格林威治公園（Greenwich Park），以及西南邊的布希公園（Bushy Park）和里奇蒙公園（Richmond Park）。這八個公園統稱為皇家公園（Royal Parks），因為有了它們，讓倫敦成了全歐洲綠地最多的城市。

聖詹姆士公園

黛安娜紀念噴泉

我和阿班都非常喜歡倫敦的公園，有時享受草地上的野餐，有時去賞花，有時就只是隨意散散步。

這天中午我們買來熱咖啡和三明治，到聖詹姆士公園內享用。這公園有一座長長的池子貫穿，許多野雁、鴨子優游其間。我遠看一個個鳥巢浮在水面上十分有趣，還以為倫敦的鳥也學荷蘭人建起船屋來了，走近一看原來是有條長管子穿越整個水池，鴨、雁游累了就停在上面歇歇腿。管子每隔一段距離有個小平台，鳥媽媽就在這裡不受干擾地築巢飼

海德公園的伊莉莎白女王門

雛，真是獨具巧思又貼心的設計。

　　在公園用餐的不只我們，還有許多附近的上班族、遊客，以及鴿子和小松鼠。有位老先生拿著一包花生餵松鼠，鼠兒抓到一粒便快速跑到遠處，用一雙小小的前掌捧著吃，吃完了又跑回來索取。一個小男孩拿了一顆特大號的堅果給松鼠，老人大呼：「No!」「Now we lost him!」果真小松鼠抱著這個大果實就一溜煙地消失不見。看來老先生是公園常客，對鼠輩們的習性十分了解。

公園裡的小松鼠

　　我坐在木椅上看得有趣，一邊吃三明治，一邊順手拍了幾張照片，還為鳥兒、鴨兒也留了一些麵包，突然感覺有東西爬到腿上，低頭一看居然是一隻小松鼠從椅子背後溜上來，前腳攀著我的腿凝望著我手上食物，第一次和松鼠如此貼身接觸，讓我嚇了一大跳，趕忙將麵包遞給牠，結果似乎不獲青睞，一溜煙又不見蹤影。

海德公園

　　海德公園是倫敦最大及歷史悠久的公園，一條蛇溪（The Serpentine）從東南往

西北斜斜穿越。我們在湖邊咖啡座一邊吃午餐，一邊看鴿子和野雁，桌上的食物才剛放下，好幾隻鴿子已經飛到桌邊「鳥」視眈眈了。公園的東北角是著名的演說者之角（Speakers' Corner），也就是習稱的「海德角」。2004 年 7 月溪的南面多了一個吸引人之處，就是黛安娜王妃紀念噴泉。

這座造型特別的橢圓形花崗岩噴泉，映照著黛安娜短暫而傳奇的一生，由美國的女性景觀設計師 Kathryn Gustafson 設計。

設計師在一片綠色草皮上，創造了一個意象豐富的環狀水景。兩股水流由高處分流，經過池面高高低低的小丘、階梯，形成了小瀑布及漩渦，最後水流匯集在淺水池內平靜下來。噴水池最高處僅及膝，許多人在池邊靜坐，小朋友也很容易把雙腳伸進水池戲水。在這一泓潺潺水流中，道盡了黛妃起伏的人生，和她親切美好的形象。

海德公園的蛇溪經過一座水泥橋進入肯辛頓花園，這裡以前是皇家的狩獵園，林木長得非常茂盛。花園內有一座大圓池，有水就吸引了野鴨、野雁聚集，以及看鳥餵鳥的大人小孩，為大花園增添了熱鬧氣息。西側就是黛安娜生前住過的肯辛頓宮（Kinsington Palace），不知黛妃是否也曾經來這花園散散心？

攝政公園

攝政公園整個區域包括了北端的倫敦動物園，和南端的攝政學院。比較起來，其他皇家公園比較接近大自然景觀，而攝政公園通道兩旁精心修葺和布置的花草樹木，顯現了皇室氣派。最吸引人之處是裡面的瑪麗皇后花園（Queen Merry's Garden），是以喬治五世的妻子瑪麗皇后而命名，也就是曾經擁有瑪麗皇后玩偶屋的那位。

這座花園以種植各式玫瑰聞名，我們去的那天是個大好晴天，精心設計的圓形花園裡，水塘橫臥，小徑曲折，紅、粉、黃、橘各色玫瑰盛放，別處少見的鴛鴦和黑天鵝優游池塘中，不論從哪個角度看，都是一幅幅美麗芬芳的畫面，幸運的我們就在這畫面當中。

★皇家公園
· 官網：www.royalparks.gov.uk

攝政公園有皇室氣派

泰晤士河遊倫敦

都會區的
公寓大樓

泰晤士河的遊船川流不息

城市裡如果有一條河流穿越，就大大增添了她的柔媚婉約之美。過去在莫斯科河、哈德遜河、萊茵河及長江等的河流記憶，讓我和阿班都非常喜歡這種城市流動的感覺，於是這一天我們遊泰晤士河去！

倫敦塔的塔橋

美好的遊河日

發源於英格蘭東南山丘的泰晤士河，向東流經牛津、溫莎等地，再蜿蜒穿越倫敦後流入北海，是英格蘭最長的一條河流。她的流域涵蓋了英國的歷史、文化、政治和經濟的精華區。在倫敦，泰晤士河南岸古老的建築巍巍聳立，北岸則發展了前衛與時尚的時代潮流。

這天難得倫敦送了我們一個大禮，燦爛的陽光和藍天白雲，是個美好的遊河日。我們從東郊的格林威治溯流而上，兩岸景觀從綠意盎然的市郊慢慢變化，樹叢漸減而樓宇漸增，一些設計新穎的住

市區的高樓大廈出現了

倫敦橋是倫敦的大門

倫敦的新地標倫敦眼

宅大樓也同樣令人賞心悅目。越往市區樓層
越高，接近泰晤士河的第一座橋樑倫敦塔橋
時，還可以見到岸邊聚集的船塢、碼頭和倉
庫，續往前行兩岸景觀就改變了，舊與新、
歷史與現代在兩岸交錯出現。

一艘停泊在岸邊的戰艦讓人注目，這是
貝爾法斯特號巡洋艦（HMS Belfast），曾經
在第二次世界大戰中服役擊潰德軍戰艦，也
曾經參與過韓戰。在退役八年後的 1971 年，
停靠在倫敦塔橋附近，成為一座海事博物館
供遊客參觀。

市政廳

誰說英國人保守拘禮

穿越倫敦塔橋，北岸是歷史悠久的倫敦
塔，南岸是 2002 年才啟用的市政廳。這棟
由著名建築師諾曼福士特（Norman Robert
Foster）設計的玻璃和鋼架建築，長得非常
奇特，被倫敦市民加諸許多形容詞，例如
「一枚被削歪的雞蛋」、「劍擊面具」等，
在大樓內市長辦公室工作過的前倫敦市長
利 文 斯 通（Kenneth Robert Livingstone），
還曾經公然稱呼它為「玻璃睪丸」（Glass
Testicle）。赫！誰說英國人保守拘禮來著？

在倫敦塔橋後方，可以看見另一棟 2004
年完工的倫敦新地標「30 St Mary Axe」，也
是同一位建築師的作品。這棟樓高 180 公尺，
共四十一層，像一顆巨大玻璃炮彈的建築，

「色情小黃瓜」及倫敦塔

被暱稱為「色情小黃瓜」（Erotic Gherkin）。但可別嫌這封號不稱頭，它曾在 2003 年獲得「摩天大樓建築設計首獎」（Emporis Skyscraper Award），並在 2004 年獲得英國建築界最高的榮譽的「史特靈獎」（Stirling Prize）。到了 2007 年業主瑞士再保險公司決定賣掉小黃瓜，成交價是 6 億英鎊，使它一躍而為全英國最貴的辦公大樓，這也絕對是世界上最最最昂貴的小黃瓜了。

每座橋樑風格各異其趣

泰晤士河的橋樑最前方是千禧橋

倫敦塔橋的下一座橋就是倫敦橋，接著泰德現代美術館的大煙囪出現了，對岸是古老的聖保羅教堂。跨越兩者之間的千禧橋，是倫敦第一座為行人設計的橋樑，猜猜建築師是誰？沒錯，又是他——諾曼福士特。2000 年 6 月千禧橋首次開放，也是 1894 年倫敦塔橋開通後，百年來第一座橫跨泰晤士河的新橋。瞧！老教堂面對著舊電廠變身的新美術館，相隔百年的新舊橋併肩在泰晤士河上，新舊交融就是讓倫敦永遠保持活力和鮮度的祕方。

河上每座橋樑的結構風格各異其趣，為泰晤士河架構出不同的風情。河流在滑鐵盧橋轉了個 90 度大彎向南行，到這裡已經可以見到倫敦的政治中心，古典莊嚴的國會大廈，對岸矗立著象徵歡樂和夢幻的倫敦眼，它的後方是郡政府舊大樓改成的水族館和達利展覽館。

望見國會大廈，就到了此行的終點碼頭了。在 1 小時目不暇給的遊河後，我突然恍然大悟，這泰晤士河兩岸的強烈對比並不只在於建築而已，它其實是這座城市對全世界的一個重要宣告：兩千多歲的倫敦是一座兼容並蓄、有著傲人歷史，也充滿了活力的青春不老城！

★ 遊泰晤士河

‧交通：遊河的選擇很多，可以搭觀光船或渡輪，也可以任選上下船碼頭，渡輪費用便宜很多。如有購買搭乘大眾交通的 Travelcard 或 Oyster card，在購船票時記得出示，可有折扣。

‧船票及碼頭查閱官網：www.tfl.gov.uk/modalpages/15544.aspx

倫敦地鐵大罷工

不停靠的
地鐵

小小的告示牌影響數百萬人

小報大消息

溫文儒雅的倫敦人快抓狂了

　　我們才剛在倫敦開始自由行1天，享受了方便無比的大眾運輸系統，第二天地鐵就開始大罷工了。

　　起先我和阿班還搞不清楚狀況，早上按照預定計畫搭地鐵趴趴走。第一段順利通行，轉乘時被告知已關閉，我們只好變更計畫目標。續搭原線去其他站轉乘，花費了許多時間，結果又是此路不通。摸摸鼻子上街換搭巴士，未料大批的加班巴士把街道塞得一塌糊塗，我們花了一個早上才到達第一個目的地，當天的行程完全變成哪裡有車坐就往哪去。那天我們好似在迷宮裡四處碰壁的白老鼠，因為街上沒有人搞得清楚狀況。

　　黃昏時，我們正在倫敦橋上晃蕩，突然一大群人迎面而來，每個人衣冠革履卻神色匆忙，我還以為發生什麼事，結果不過是上班族趕搭地鐵回家，每個人都怕擠不上這班車，沒有人知道下班車什麼時候來，或會不會來？下班人潮全都衝往地鐵站，月台上塞得滿滿的。

　　回去攤開報紙仔細瞧，才知道地鐵大罷工這回

如遊龍般的公車

事。原來前一晚的六點多工會領袖和資方的薪資談判破裂，20 分鐘後就開始罷工，有十一個地鐵站被關閉。倫敦市長的解決方案，包括增加七百條路線、共八千班次的公車，難怪到處塞車。他並且呼籲市民共乘計程車、搭船或走路上班等。

最讓我們傷腦筋的是，關閉的地鐵車站或路線並不是固定的。昨天還暢通的路線，今天去卻關閉了。有的是一條路線的車站跳蛙式關閉，原本要下車那一站卻過站不停，必須搭公車或走路折回。我們就這樣在倫敦街上天天玩找路、找公車的遊戲。在市區花費 1、2 小時才到一個目的地是常事，還有人在市中心 8 英里路程花了 3 小時，報紙和電視上看到一向溫文儒雅的倫敦人都快抓狂了。

騎腳踏車比公車快

搭公車遊車河

我們在倫敦租的是一間附小廚房的套房，雖然不是市中心，但附近有地鐵及超市，很適合我們短暫居遊，然而地鐵一罷工將所有計畫都弄亂了。好吧！窮則變，變則通，好險我們在罷工前一天買了 7 天的牡蠣卡（Oyster Card），可以不限次數搭乘地鐵、公車和輕鐵（DLR）。

住處附近的公車班次雖少，但總比沒有好，於是那幾天就像是搭公車遊車河，只要一進入市區車陣就排成一條見首不見尾的長龍。不過坐在超慢速車上還是可以找到樂趣，我和阿班只要有機會就往雙層公車的樓上跑，若能坐到第一排的好位子，大片車窗外街景及遊龍般的車陣一覽無遺，沿路看人、看街景，簡直是無敵城市漫遊。

我們的訊息大部分來自碰壁的地鐵站，常見緊閉的窗口掛著一塊白板，原因寫著英國罷工的專用名詞：「產業行動」（Industrial Action）。另一管道是由地鐵站散發的免費小報，消息比較完整些。但勞資雙方似乎是邊打邊談，所以每天都有新的狀況，地鐵站非規律性的輪番關閉，原本預計 3 天的罷工，結果拖拖拉拉 4、5 天還沒結束，逼近搭機回台灣的日子了，我們開始擔心，去機場可不能拖著行李走迷宮啊！

倫敦人真是很命苦，同一年地鐵已經有兩次的局部罷工了，這次的全面大罷工衝擊更大。倫敦市長說：「將盡全力使罷工對 Londoners 的傷害降到最低。」報紙上寫：「數以百萬的 Londoners 將面對 3 天如夢魘般的交通。」還好，我們不是真正的倫敦人，機場之路沒有斷絕，我們如期回家了！

★牡蠣卡

在倫敦搭乘大眾運輸最方便的方式，就是是購買牡蠣卡（Oyster），有各種組合可視使用天數及跨區的需求購票。倫敦地鐵分六區，主要景點都在 1 及 2 區，以我們所遊之處，買包括這兩區的票已足夠。詳細資訊可查閱官網：www.tfl.gov.uk。

溫莎堡　王者之家

入口處是愛德華三世塔

溫莎小鎮市集（李炳煌 攝）

英女王今天在家

溫莎堡位於倫敦西邊約 40 公里，從倫敦滑鐵盧站（Waterloo）搭火車到溫莎小鎮，出了車站步行一會兒即可到溫莎堡。因為溫莎堡還是女王官邸和周末度假之處，所以購票之後的安檢媲美機場檢查。門票的費用已包含語音導覽，而且還可以選擇中文呢！

溫莎城堡是現在全世界最大、最古老的有人居住城堡。最早是 11 世紀時由威廉一世所建的一座木造城堡，經過一千年來的逐步擴建及整修，包括 1820 年代所修建的中古時期外觀，才成為現今的樣子。溫莎城堡與倫敦的白金漢宮、愛丁堡的荷里路德宮一樣，也是英國國君的主要行政官邸，現任的伊莉莎白女王常在此舉行國家宴會與官方的接待活動。

位於如今城堡中央的圓塔（Round Tower），屬於防衛倫敦系列城堡中的一部分。現在圓塔主要用於保存王室文獻和影像記錄，當女王在城堡中時，圓塔會升起皇家旗幟，不在時就是英國國旗。我張望了一下，這天掛出了皇家旗，女王今天在家耶！

這一排是皇家衛隊的房間

入口處的聖喬治門　　　　　　　　　　　　　　　溫莎城堡雄偉的外牆

國家大廳、聖喬治大廳

　　圓塔把狹長形的城堡區劃分成上區及下區兩個部分。下區主要的建築就是聖喬治教堂，上區則包括了國家大廳（The State Apartments）與私人的皇家套房。我們從入口處先走到上區的聖喬治門，這裡圍著鐵柵欄，我跟著許多遊客從空隙中張望，一大片被馬蹄形建築包圍住的廣場，是檢閱皇家衛隊、炮兵及衛士步操之處，外國元首來訪時也在此接受軍禮歡迎。從這裡可以望見上區唯一開放參觀的建築，入口在另一邊的國家大廳。

　　國家大廳是溫莎堡的精華所在，裡面裝潢華麗並有大量皇家收藏的藝術品。主要包含了 13 世紀的法庭、滑鐵盧廳和聖喬治廳、女王交誼廳等房間。滑鐵盧廳初建於 13 世紀，是喬治四世為紀念滑鐵盧之役的勝利而建，廳內巨大的餐桌可以容納一百五十人，是英國王室宴客及舉辦重大活動的主要場所之一。只可惜溫莎堡的室內都不能拍照，我們只有用眼來收藏她的精采。

　　聖喬治大廳是一個長方形的大廳，高挑的天花板鑲滿紋章與嘉德勳章，兩旁牆面掛著各式「嘉德勳章騎士團」盾牌，牆上還有許多小平台，持長槍的盔甲騎士正站在上面守護著，整個大廳顯得古典而氣派。

瑪麗皇后玩偶屋

　　上區最讓我看得津津有味的，就是瑪麗皇后玩偶屋（Queen Mary's Dolls House）。這是 1920 年由當時頂尖的建築師、藝術家及工匠共一千多人，花了四年功夫完成的，作為人民送給喬治五世妻子瑪麗皇后的禮物。它除了是細緻動人的藝術品之外，也代表了那個時代皇室生活的縮影。

城堡內的英式花園

聖喬治禮拜堂

　　到玩偶屋要走另一個單獨的入口，由於參觀的人太多需要排隊才能進入。這些娃娃屋是 1:12 的縮小迷你版，做工極為精巧，裡面的家具、裝潢、人物及服裝非常精緻。屋內的迷你書及畫作也都是真跡，由許多知名的作家及畫家特為娃娃屋而創作。最令人驚異的是，迷你屋內配有水電管線，電燈會亮、浴室馬桶可以沖水，甚至配有迷你廁紙。另外酒窖裡的小酒瓶，裝的也都是真正的烈酒或葡萄酒呢！

聖喬治禮拜堂

　　下區的聖喬治禮拜堂（St. George's Chapel）是溫莎城堡的經典建築，初建於 13 世紀，後來經過兩個世紀的大幅修建，被譽為英國哥德式垂直建築設計最高的成就之一。禮拜堂內安葬了十位英國歷任國王，包括亨利八世和查理一世。這裡也舉行過多次皇室婚禮，包括 1999 年愛德華王子和蘇菲王妃的婚禮，還有讓皇室很為難的一樁婚姻就是 2005 年查理王子與卡蜜拉，最後折衷的方式是讓他們在溫莎市政廳公證結婚後，再到禮拜堂接受大主教的賜福儀式。

　　參觀完溫莎堡，從下區的亨利八世門（King Henry VIII Gate）出來，對面就是鋪著鵝卵石的舊城區，附近河岸邊有小橋、遊船與歐式建築，都非常耐看，英國最負盛名的伊頓學院（Eton College）就位於城堡北邊約 1 公里之處。到了溫莎堡才發覺她就像博物館一樣，有著無窮的寶藏，而溫莎小鎮也值得慢慢探索，我們安排的半日遊，實在有些意猶未盡。

info 米

★溫莎堡

・交通：火車從 London Waterloo 到 Windsor Eton Riverside 站下車，車程 55 分鐘。或是從 London Paddington 到 Slough 站車程約 30 分鐘，再轉區間巴士到 Windsor and Eton Central station。
・門票：成人£16.5，六十歲以上及學生£15，十七歲以下£9.9，五歲以下免費。
・開放時間：5 ～ 8 月周一至五 9:30am ～ 5:30pm，周六 9:30am ～ 5:00pm，周日 10:00am ～ 4:00pm。9 月至隔年 4 月周一至六 10:00am ～ 5:00pm，周日 10:00am ～ 4:00pm。
・官網：www.windsor.gov.uk

牛津漫遊

有一句話說：「劍橋出諾貝爾獎、牛津出首相」，很傳神地點出兩所大學最引以為傲的成就。英國歷屆首相有一半以上畢業於牛津，如英國柴契爾夫人及布萊爾，另外還有許多國家領袖包括前美國總統柯林頓等。

牛津大學約有八百多年的歷史，三十九所學院散布在牛津城內，形成一座大學城。參觀牛津最好的方法應該是到遊客中心去參加導覽團，因為有些著名的學院或圖書館不對個人開放，或是有時間的限制，但跟著團體就無此顧慮。我們當天沒趕上最後一梯次的導覽，所以只能走馬看花一番。

牛津大學一處美麗的角落

牛津各學院散布在小城中，隨便走都可見到高門厚牆的巍峨學院。當我和阿班正欣賞一棟美麗的建築時，旁邊一位頭髮銀白的老先生忍不住說：「這是我的母校呢！」他帶著老伴來這裡懷念年輕的歲月，我問：「很多的回憶吧？」老先生深深地點頭。

皇后巷底是皇后學院

包德連圖書館

牛津大學圖書館一帶，是學院的集中處，也是中心區，於是我們就從這裡開始四處遊逛。看見一棟如城堡般的高大建築，米黃色的外牆上刻劃著簡潔線條，厚實的高牆及牆頭上的尖塔像是忠實的守護者。走進方形中庭探看，這就是牛津的知識寶庫包德連圖書館（Bodleian Library）。

赫特福德學院的嘆息橋

牛津的知識寶庫包德連圖書館

　　包德連建立於 1602 年是牛津大學最大的圖書館，以及歐洲最古老的圖書館之一。規模在英國僅次於大英圖書館，是英國五家接受出版書籍法定送存（legal deposit）的圖書館之一。創建人包德利（Thomas Bodley）原是英國的外交官，他在原來的老圖書館因經費不足關閉後，投入大筆資金重建生機。圖書館內有六百萬冊藏書，分別存於瑞德克利夫屋（Radcliffe Camera）和新、舊包德連三個圖書館內，三館之間有隧道相通。

克拉倫登大樓

克拉倫登大樓（李炳煌 攝）

　　在新、舊包德連圖書館中間，面對寬街（Broad Street）的克拉倫登大樓（Clarendon Building），是英國的一級保護建築，建於 1711 ～ 1715 年間。原本是牛津大學出版社，現在是包德連圖書館的行政大樓。這棟建築是以巴洛克風格著稱的尼古拉霍克斯莫爾（Nicholas Hawksmoor）所設計，牛津的萬靈學院和皇后學院也出自於他的手筆。

瑞德克利夫屋

　　走在眾學院中，一棟與眾不同的穹頂環形建築非常引人注目，這就是包德連圖書

館的閱覽室瑞德克利夫屋。它是英國最早的一座圓形圖書館，建於1748 年由建築師詹姆斯‧吉布斯（James Gibbs）設計，是牛津城標誌性的一棟建築。

聖瑪麗大學教堂

在瑞德克利夫屋廣場南面可以望見高聳尖塔，那就是聖瑪麗大學教堂（St. Mary the Virgin），塔頂是鳥瞰牛津城的好地方。這是牛津最大的教堂，她的尖塔是英國最漂亮的一個教堂尖塔，也是教堂最古老的部分，可以追溯至 13 世紀，其餘主體在 15 世紀末、16 世紀初大幅重建過。

萬靈學院

廣場東邊有一個尖塔造型極為醒目的萬靈學院（All Souls College），是由亨利六世及總教主亨利契吉爾（Henry Chichele）於 1438 年共同創立，校園和庭園都保存著建校之初的樣貌。學院僅收教師及學院院士，它的院士獎學金競爭非常激烈，被稱為世界上最難的考試。

基督堂學院

再往南的基督堂學院（Christ Church），是牛津最大的學院和熱門景點。電影「哈利波特」裡的魔法學校就是在此取景；還有家喻戶曉的《愛麗絲夢遊記》也起源於此，作者路易斯卡羅（Lewis Carroll）就是從這所學院畢業並在此任教，這是他為院長女兒愛麗絲所寫的童話故事。

瑞德克利夫屋

聖瑪麗大學教堂

萬靈學院

彷彿時間靜止的幽巷

　　眾多學院的宏偉建築令人目不暇給，而我偏愛的卻是一條彎曲幽靜的巷子。從新學院巷（New College Lane）穿過赫特福德學院（Hertford College）的嘆息橋（Bridge of Sighs），巷子兩旁斑駁的石牆和厚重的木門，好像中世紀的場景在此重現。這裡幾乎不見觀光客，爾偶有學生騎著腳踏車悠悠穿過，時間似乎在這裡靜止了。轉過幾個彎，後段改稱皇后巷（Queen's Lane），巷尾就是皇后學院（The Queen's College）了。

新學院巷

貝利奧爾學院

　　最後我們又繞回寬街，貝利奧爾學院（Balliol College）在此，它成立於 1263 年，是牛津大學最著名、最古老的學院之一，曾經培養出多位英國首相和政界的重要人物。隔壁就是 16 世紀的三一學院（Trinity College）。

貝利奧爾學院出了多位英國首相

牛津城堡

　　我和阿班在小城胡走亂逛了好幾小時，天色已晚該回倫敦了，回程路上見一座牛津城堡（Oxford Castle）又逛了進去。這城堡的命運頗具戲劇性，原本是一座中世紀的諾曼城堡，14 世紀成為行政管理和拘留所，到了 18 世紀成為皇家監獄，1996 年竟然轉型成酒店，把牢房改造成客房竟也吸引了許多人。不過城堡中屬於中世紀的建築，已經列為世界遺產的古蹟保護。

牛津城堡

★牛津大學

· 交通：火車從倫敦 Paddington 站，車程約 45 分鐘。
· 牛津旅客服務中心地址：15-16 Broad Street, Oxford
· 中心開放時間：周一至六 9:30am ～ 5:00pm、周日 10:00am ～ 4:00pm。
· 導覽團費用：成人 £7 ～ 10 不等，每次約 2 小時。
· 導覽時間：每天 11:00am、2:00pm 各一場，尖峰季節加場 10:30am、1:00pm。
· 網站：www.visitoxford.org

劍橋風情

國王橋和國王學院

劍橋，舊稱康橋。對許多讀過徐志摩詩作「再別康橋」的人來說，懷抱著尋覓詩人的浪漫情懷而去者，可能不在少數。

至於我們，嗯，說實在的，阿班並不是那種有詩意的人，我讀一段這樣的詩句：「輕輕的我走了，正如我輕輕的來；我輕輕的招手，作別西天的雲彩。」他會覺得這輕飄飄的太不踏實，但換成了這麼一段：「噹噹噹！劍橋出諾貝爾獎！劍橋大學校友獲得了八十八個諾貝爾獎，相當於英國所獲諾貝爾獎的總和，在世界所有大學中保持最高紀錄。」他就立即感受到了劍橋之旅的分量。

先來看看這鼎鼎大名劍橋大學（The University of Cambridge）的歷史，它成立於 1209 年，原本是一批不能接受牛津保守作風的師生「離家出走」到劍橋成立的一個學術單位。劍橋大學第一所學院彼得屋

三一學院
中庭廣場

學院（Peterhouse College）是在 1284 年建立，接著在 14、15 世紀建立許多學院，直到 21 世紀都還陸續有新的學院設立。現在劍橋大學是英國及英語世界當中，除了牛津之外最古老的大學。

市中心被各學院所包圍

建於 1960 年的鐵橋

走進劍橋，市中心幾乎被各學院所包圍，一座座

高大巍峨、中世紀建築的學術殿堂令人肅然起敬。許多學院入內參觀是必須付費的，也許這也是維護學校安寧、減少遊客干擾的方式之一吧！

　　由英王亨利六世所創立的國王學院（King's College），是劍橋最著名的學院之一，它有著哥德式建築的外觀，非常雄偉氣派，像一座王宮般的以巍然之姿聳立在國王道上。國王學院在 1441 年建立，華麗的哥德式禮拜堂前後花了一百年、歷經五任國王才修建完成。

　　國王學院的隔壁就是王后學院（Queen's College），除此之外，至今仍享有盛名的四個皇家學院，還包括三一學院（Trinity College）及聖約翰學院（St. John's College）。培養出三十二名諾貝爾獎得主的三一學院，是劍橋大學規模最大、學術成就最高的學院，由亨利八世在 1546 年成立。發現地心引力的牛頓，以及《小熊維尼》的作者彌爾頓都是從這裡畢業。

　　緊鄰著國王學院的克萊爾學院（Clare College）創立於 1326 年，是劍橋大學歷史第二悠久的學校，它最出名的是教堂合唱團、英式花園，以及校舍後方的克萊爾橋（Clare Bridge）。進入學院大門，就看見一個四方形的草坪中庭廣場，周圍有禮拜堂、

克萊爾學院中庭　　克萊爾學院的正式餐廳

圖書館、宿舍和餐廳、行政中心等建築，劍橋大學的學院幾乎都是這樣的格局。

　　讓我們印象最深刻的是一個正式的餐廳，有著雕花天花板、水晶吊燈，幾列長長的古式木頭餐桌上面已整齊排列好高腳杯、刀叉及餐巾紙，最前方是一個橫向的高長桌（High Table），這桌是給資深學者及獲邀宴的客人坐的，墊高的桌腳讓用餐的人可以看見下面各桌動靜。這是劍橋大學幾百年來一個重要而特殊的傳統，每個學院會舉辦正式晚餐（Formal Hall），教授和學生都可以參加，必須穿著正式服裝。主要作用是讓用餐的師生可以和周圍的人彼此多交談增進了解，學生只須付少許費用，還可以邀請朋友參加。

劍橋的後花園

　　劍橋是一個擁有十萬居民的小鎮，劍河（The River Cam，或稱「康河」）在市內繞了一個弧形向東北流去，河上修建了許多橋樑通往各學院，劍橋最吸引人的風光在於河流經過的六所學院後方，就叫做「後花園」（The Backs），徐志摩的千古絕唱吟詠的就是這條河。

　　建於 1640 年的克萊爾橋，是一座古色古香的三孔水泥橋，也是劍河倖存最古老的一座橋。穿過克萊爾橋就是學院的英式庭園，修築在古老的沼澤地，三面樹籬、一面河，錯落有致的花圃內，豔麗的花兒競放，寬大的草坪旁數條曲徑隱入樹籬之間，是一處非常適合散步沉思的地方。

三一學院後的長巷　　　　　　　　科珀斯克里斯蒂學院外牆的鐘　　　　　　　改為演唱和展覽場所的老穀物交易所

徐志摩魂牽夢縈的康河

　　克萊爾橋之南是國王學院的國王橋（King's Bridge）建於 1819 年，橋的左方是國王學院的大草坪。再往南是王后學院的數學橋（Mathematical Bridge），也是後花園唯一的木頭橋樑。

　　往北是一座建於 1960 年的鐵橋（Garrett Hostel Bridge），它是出自一位贏得設計比賽的學生之手，這橋建得極為輕巧，橋身結構的強度和硬度據說是仿照海鷗的翅膀而來，旁邊的建築是三一學院的大廳。另外，再往北的三一學院的三一橋（Trinity Bridge）及聖約翰學院的嘆息橋（Bridge of Sighs），也都是劍河上著名的橋樑。

　　令徐志摩魂牽夢縈的康河，觸動了詩人的靈思泉湧。眼前的河畔垂柳、波光瀲影和一葉葉輕划的小舟，也因為他的詩，成為充滿美感與詩意的河流，令人迷醉。

　　而我們兩個是輕輕來去的過客，帶不走一片雲彩，只有劍橋風情成為蕩漾心頭的永恆記憶。

★ 劍橋大學

· 交通：從倫敦搭火車或長途巴士。火車從 Kings Cross 站搭乘，車程約 60 ～ 70 分鐘。巴士從 Victoria 火車站約 5 分鐘步行距離的 coach station 搭乘。
· 觀光官網：www.visitcambridge.org/VisitCambridge
· 劍橋大學：www.cam.ac.uk
· 後花園：www.scudamores.com/cam/backs.php

揹起行囊
旅行去
Let's go
backpacking!

自助旅行起步走

相信許多人有過這樣的掙扎，渴望去自助旅行又缺乏勇氣。擔心事前的準備工作很麻煩，或路上遇上困難、或搭不上車，甚至住不到旅館等。其實真的不用太擔心，這些狀況甚至更多離譜的事，我們都經歷過。但最後還是完成了一趟又一趟的旅行，平安歸來。下面是多年的經驗分享，也許看完後您的想法就不一樣了。

威爾斯環湖小火車

英格蘭東北的德罕小城

如何起步

初次計畫自助旅行會不知如何下手，現在有許多相關網站可以參考，我特別推薦「歐洲自助旅行充電站」及「背包客棧」，前者是以歐洲為主，我的自助旅行就是從這裡起步的，站內許多背包客分享寶貴的經驗，從行程規劃到機票、住宿、交通等，新手可以在這裡汲取許多經驗，提出問題也會獲得非常熱心的幫助。「背包客棧」亦是如此，只是範圍更廣，不限於歐洲。

剛開始起步時不用做太大的計畫，可以先從較短行程或較近的地區（如亞洲）規劃，有了一兩次經驗後，就會越來越有信心了。另一方式是找同伴一起同行，像我第一次自助旅行到西班牙，同行四人都是菜

英國南部小鎮河塘一景

鳥，但其中一位能説西語，這讓大家安心不少。當然特殊語言也不是必備條件，一口破英文也可以四處趴趴走，只是初次自助旅行，有個伴會安心許多。

開始著手

自助旅行的規劃像是量身訂製衣服一樣，依照自己的需求，如假期、時間、預算及喜好等來做選擇安排。要提醒的是，自助旅行的好處就是可以享受深入而悠閒的旅行，如想要在短時間排密集行程，參加旅行團還比較划算。假期短如 10～15 天，選單國或頂多兩個國家之旅就很足夠，假期長也不要貪多，行程放寬鬆些，玩起來才盡興。

北英格蘭班伯城堡（李炳煌 攝）

行程計畫

- ■決定目標：確定自己想去的地區或國家，然後針對這個範圍開始收集資料，過程當中也許會隨時修正原來的設定，這都沒有關係，一次又一次的修訂會把剛開始模糊籠統的概念，變成更加具體可行的計畫。
- ■決定天數及季節：夏季時間長，歐美九點後才天黑，行程可以放寬鬆些。冬季四、五點就天黑了，必須注意天晚早投宿。
- ■決定旅行方式：租車或搭乘大眾交通。根據我們的經驗，兩人同行開車的費用就和搭車差不多，當然人多更划算。搭乘大眾交通如火車，先上網查詢若有境外優惠的票價，可以在國內先買。
- ■規劃路線及擬訂初步行程：把想去的地方串連起來就是你的路線圖，據此先做一個大致的行程表，然後可以請經驗豐富的人提供建議。
- ■修訂行程：參酌建議及自己興趣，修訂至行程順暢。

時間流程

要先大致抓個時間流程，這樣才能夠掌控進度。我的方式是以倒數推算來決定該

進行的事情，例如訂機票、訂房及租車等。

■ 旅行計畫：先決定大概出發日期，然後在出發至少兩個月前完成旅行計畫，至於何時開始則視人而定，有的人早在半年或一年前就開始做計畫了。

■ 訂機票：視淡旺季而定，旺季就要早做安排，淡季在一至兩個月前訂票即可，許多航空公司有推出「早鳥優惠」，早訂位可以享受較好的價錢。

■ 訂旅館和租車：都在出發前一個月上網預訂，當然如果計畫確定，機票也訂妥了，這步驟亦可提前。若開車旅行假期也寬裕，旅館先訂抵達及離開前的住宿，行程會更有彈性。

■ 辦理簽證：現在已經非常方便，持中華民國護照可以免簽證或落地簽至全球一百多個國家，想知道最新詳情可以上外交部網站查詢。如需辦理簽證，準備好行程表、機票訂位、訂房紀錄，以及各國簽證所需資料，就可以自行辦理簽證，當然也可以委託旅行社辦理。

■ 辦 YH 卡：如計畫住青年旅館（YH），於行前一周在國內辦好國際 YH 卡即可，這是不限年齡、隨到隨可辦妥，使用期限為一年。

上述的計畫和流程都可以彈性調整或交錯進行，只要掌握基本概念，會發現自助旅行其實一點也不難，尤其依照自己的規劃完成旅行，感覺真的很棒。如果還是嫌麻煩或沒時間進行，現在還有一種半自助旅行團的方式，旅行社安排好機票、旅館、交通，也有領隊帶團出發，到當地就個別自由活動參觀，也可以跟著領隊走，彈性很大，亦是選項之一。

自助旅行是一種非常迷人的嗜好，在旅途中會遇到許多驚喜、感動，與不同文化和人的互動，當然也會面對許多挫折和問題，但在旅行過後，這些點點滴滴都成為深刻難忘的回憶。

倫敦 V&A 美術館庭院寫生的女孩

★ 旅行實用網站

· 外交部：www.mofa.gov.tw
· 歐洲自助旅行充電站：www.eurotravel.idv.tw/forum
· 背包客棧：www.backpackers.com.tw/forum
· 米其林地圖：www.viamichelin.co.uk/web/Driving_directions
· 台北市自助旅行協會：www.tita.org.tw

米 info

我愛英國大早餐

民宿的早餐室各有風格

這回英國的旅行，一路上我和阿班都盡量選擇英國最普遍的B&B（Bed & Breakfast），不但可以分享英國人各式的住家，也見識一番所謂的「英國大早餐」（Big Breakfast 或 Full Breakfast）。

我們的第一站是愛丁堡，住在朋友介紹的民宿 Denise 家，後來更和熱心開朗的 Denise 成了朋友。在她家住了四晚，當然也享受了豐盛的大早餐。最後一天主人建議改成悠閒的晚餐，我們欣然接受，這真是一段美好的回憶。

每日的活力泉源

豐盛的英國大早餐

英國大早餐有什麼呢？一般而言，包括一或兩條煎得略焦的香腸、幾條煎培根或黑布丁、煎烤番茄或燙花椰菜、一大匙番茄汁焗豆，再加上一顆蛋，另外，還有烤吐司、麥片及牛奶、咖啡、茶、果汁等，有的會附上優格及水果。

威廉堡民宿的早餐室

我們每天早上梳洗完畢進入早餐室，接受主人家親手料理的餐點，都覺得非常感動，所以每天的胃口都很好。有些民宿在入住時就慎重其事的送上一張早餐的勾選單，包括蛋想怎麼吃，通

斯開島的早餐景觀令人難忘

常有三種選擇：煎（Fried）、炒（Scrambled）、水煮（Poached），另外列出上列其他食物，可以全選，也可以選部分。不想吃太豐盛的大早餐者，少數民宿還可以選擇素食或比較簡單的大陸式早餐（Continental Breakfast）。

威廉堡民宿的早餐室

英式早餐最讓我覺得窩心的是，它依照每個人的要求而一份份做出來，主人端上來豐盛的餐食款待，還會問好不好吃，讓我有種被細心照料的滿溢幸福感。有人警告我們說，這麼豐盛的早餐吃幾天就會膩了，但也許是因為旅行的消耗、也許是雅致的用餐環境、也許是主人的一份心意，從蘇格蘭、英格蘭到威爾斯，每天早上我和阿班都與它歡喜相見，吃得津津有味。

還有一項重點是，這頓蛋白質豐富的早餐吃下肚後，我和阿班經常到中午都完全沒有飢餓感。所以那段時間我們也養成習慣，中午簡單吃點水果或喝杯咖啡就足夠了。這也有個意外的好處，通常中午飽餐後這位開車師傅就昏昏欲睡，我必須全程緊盯，但經過這樣調整後，不但整天精神奕奕，晚上也睡得飽足。

賞心悅目的用餐環境

英國家庭的早餐室布置得賞心悅目，配上餐桌上成套的美麗杯盤，讓人心情十分愉快。運氣好的時候，窗外還有美景如畫，那就更令人滿足了。像在威廉堡地勢較高

的民宿，從早餐桌望出去，窗外有層疊的山巒、依戀在山頭的雲朵，以及如鏡面般的湖水，而眼前是民宿阿伯為我們擺滿一桌的早餐，真是一整個開心！

在斯開島的早餐桌，大窗外是整片綠草如茵的山坡地，晨霧在草地輕輕吹拂，一條河流靜靜地穿越其間。這一頓如詩如畫的早餐，只有我和阿班兩人獨享，讓我完全捨不得離開這個餐桌。

湖區退休夫妻的民宿，早餐時男主人貼心播放亞洲風的樂曲，並且和我們分享他們每年兩次出國度假的時光，以及去探視倫敦工作的女兒情形。他講得開心，我們也感染到他的快樂。

蘇格蘭傳統食物：黑布丁

在慢活小城勒德洛，兩百多年歷史的酒吧民宿裡，女主人為我們詳細介紹了早餐盤裡的黑布丁（Black Pudding），這是蘇格蘭最傳統的食物。由於蘇格蘭氣候寒冷，需要有足夠的熱量才能出門工作，因此把豬或羊的血及內臟加上燕麥及一些香料灌成香腸作為早餐，難怪！我嘗過多次總覺得有股腥味，最後都由阿班接收的食物，經過這番指點才弄清楚。這不就跟台灣的傳統食物豬血糕意思差不多嘛！但豬血糕可是一點也不腥，比它好吃多了。

黑布丁味道像帶有腥味的豬血糕

沒想到後來看到英國旅遊網站票選出全球十大最怪食物，居然是豬血糕奪冠，這怪怪黑布丁卻榜上無名，可見英國人的標準，不用太當真。倒是有機會去英國旅行的人，不妨自個兒比較一下這兩樣特殊食物吧！

除了民宿之外，許多餐館裡也都可以享用大早餐，但和一般早餐不同的是，英式大早餐並不侷限在早上，有些餐廳或酒吧門外掛著招牌，以不限時段的全套英式早餐為招徠，甚至在下午也可以讓客人吃到美味的英式早餐。這樣的英國大早餐其實已經超越了「早餐」的定義，而成為另一種具特色的飲食文化。

許多人說英國食物乏味，也許對，也許不對，但我認為民宿的早餐絕對不在此列，英國大早餐也已經不單單只是一頓豐盛的早餐，它的無窮滋味，讓我們至今念念不忘。

英國租車波折多

陽光穿透烏雲灑落下來

兩個人的千里長征就仰仗它了

蘇格蘭是
初試左駕
的好地方

　　英國之旅從愛丁堡租車可說是一波三折，所有意想不到的事情都讓我們遇上了。

　　依照以往習慣，我出國前一個月就先上網預訂租車。先看常租的 AVIS，但它的網頁標示不清，選了半天我認為是自排的車子，訂好後不放心又寫信去確認才知該款無自排。英國是靠左邊駕駛，以往都隨我安排的阿班老兄早就宣稱，此回非自排車就拒開，因此我趕快改訂朋友介紹的愛丁堡當地租車公司 enterprise。

　　這兩家價錢比較，其實 AVIS 還更便宜，但enterprise 公司的網頁上清楚標示車輛手排或自排，另外還有提供免費到府載客取車的服務，這對於預定住市郊的我們十分方便，當然就決定了這一家。

民宿主人 Denise 鼎力相助

在愛丁堡玩了 4 天，第五天早上我們的蘇格蘭及英格蘭開車之旅準備上路了。在約定時間半小時前，民宿的主人 Denise 先幫我們打個電話再確認，對方說一切 OK，但後面一句輕描淡寫卻讓我傻住了，那位先生說，因為該返還的自排車沒有回來，又調不到其他車，因此現在只有手排車可用。這實在太太太離譜了！

很幸運的是，我們有 Denise 幫忙，她要求直接跟經理對話，然後冷靜地以英國人的邏輯和討論方式要求對方無論如何要調到自排車，而且他們也必須補償我們因此所耽誤的時間。經過幾番電話往返，對方終於從愛丁堡機場調到車子了，至於補償損失，經理也很阿莎力地將租車費折扣一成（約 42 英鎊），為了節省時間，Denise 直接送我們到租車公司，然後由公司載我們去機場取車。

雲開日出一片翠綠景觀

開始「盲蛇之旅」

等我們拿到車已經比預計出發時間延誤了 2 個多小時，這時發現新的問題來了，我從國內帶來的導航機竟然不能用，測試半天才知道是插入電源（點菸器）的連接頭壞了，這下我們傻住了，因為以往從未遇過這樣的問題，所以這次連室內充電的電源線都沒帶

班伯城堡

用這張街道圖順利找到民宿

來，也就是說若不能換一個新的連接頭，這個導航機是完全不能使用，而我們這一路 20 天的開車蛇行蘇格蘭和英格蘭，不就變成兩尾盲蛇啦？

萬幸的是，行前我還是準備了一份紙本地圖，在 google map 上印出每天的路線，當然這對於已經習慣了方便的導航系統的我們來說，是有些辛苦，而且不能隨意變換行程，但當時它可成了我們的救命仙丹。

無論如何取了車總得要上路，可不能辜負了蘇格蘭的好山好水，於是我跟阿班把這一早上跌宕的心情收拾好，開始我們「盲蛇之旅」的第一站：蘇格蘭北方的音符尼斯（Inverness）。從機場左繞右繞，總算上了高速公路（您瞧！這就是有導航和紙本地圖的差別，我千算萬算也沒想到會從愛丁堡機場出發，因此紙本地圖上沒這一段）。

請出蘇格蘭狐狗大師

好了，上了高速公路心情逐漸放輕鬆，開始欣賞蘇格蘭的大山大水，我又突然想起，今晚的民宿是離開台灣那一天才接到確認電話，因此也沒在我的地圖上，民宿的地址、電話都有，本來只要輸入導航就沒問題的啊……。

從愛丁堡到音符尼斯的路程要 3 小時，路很寬，車也不多，是開始適應左邊駕駛的很好選擇。行過半途我們開下車道一處路邊餐館休息，剛坐下來發現，一排座位上居然有幾台電腦可以上網，而且 15 分鐘內免費，真是太好了！我也顧不得咖啡趁熱喝，馬上在電腦上請出蘇格蘭狐狗大師，輸入民宿地址，今晚民宿的路線地圖就完整呈現在眼前，哈哈哈，太開心了！我趕忙拿出筆記又抄又畫，最後靈機一動用相機把路線圖整個拍下來。完成作業後忍不住問阿班：「哎！老婆我是不是太聰明了一點兒？」

盲蛇出巡的第一天，我們平安地抵達溫暖的民宿，心中充滿了感動。為我們自己克服不順遂的起步，並且很快的調整恢復出遊的好心情，順利完成首日行程，實在是一件值得驕傲的事。

倫敦蒙難記

遇上道路施工更糟糕

一百多年前國父在倫敦受清廷挾持蒙難，這回我們兩尾盲蛇也在倫敦受困，可說是英國之行，不，應該說我們連續七、八年到歐洲自助旅行以來，最慘痛的一次經驗。

到倫敦的前兩天，我就開始緊張了，本來預定前一晚住在離倫敦約 60 哩的布萊頓，但我硬是再往前挪到一個小鎮過夜，離倫敦只有 25 哩，我把紙本地圖、手繪簡圖和寫好的路線都準備好了，這一切只因為我們是兩尾失去導航的盲蛇，要進入令人畏懼的大倫敦交通網。

計畫是這樣的，先開車到租屋處把行李卸下，然後再去公司還車後，就可以輕鬆逛大街了。為此我還選擇最靠近民宿的一處還車點，然後把這兩點之間的路線仔細標示下來，這樣應該沒問題了吧！

開車進大倫敦像
是入了迷魂陣

進入大倫敦的迷魂陣

沒有導航
千萬不要
開車擅闖
大都市

但那天一開始就不順利。小鎮出來時應該很容易就轉上高速公路，然後便可依照手上資料進入倫敦。但阿班一下子就轉上另一條路，也標示著往倫敦，我的心情開始緊張了，但開車師傅說：「不用回頭啦！一下子就到倫敦了。」沒錯、

沒錯，但到倫敦以後呢？我所憑藉的資訊都是從高速公路進入倫敦的路啊！而且，我們已約好中午還車，而當天又是周末，租車公司只上班到十一點。

進入大倫敦周邊，開始大塞車，最糟的是我們完全不知身在何處，路上找不到地名標示，也不知該往哪個方向去。於是開始問路，第一選擇是加油站，這真是從未有過的最糟糕經歷，我們經過的加油站或小店幾乎都是中東裔，態度很不友善，問了好幾處都不得要領，只有繼續往前開繼續問，有根本懶得理你的人、有願意幫忙但幫不上的人，還有熱心的店家把地圖都搬出來研究。其實最困難之處是幾乎找不到街名標示，所以我們轉幾個彎就不知方向也不能確定所在位置。

我們從九點出發，在大倫敦繞了整整 3 小時。一路上我問了不下十個人，包括加油站、汽車廠、雜貨店、小客車駕駛、路上行人、公車司機及修車廠等。最後我們在一條路上來回多次，明明地圖上只要轉進一條小路就到了，但就是怎麼也找不到那條路。於是我又進入一家修車廠，正在忙碌的好心老闆放下手邊工作，翻開地圖說明，並且指點了一個地標：「只要看見麥當勞和史賓瑟（Marks & Spencer）的招牌，就到了。」這真是救命符啊！這一回正中標地。轉進小路前我仔細看這條經過多次的路，猜猜看它的路牌在哪裡？貼在街口牆腳下！一部停在它面前的摩托車剛剛開走。

全身細胞死傷無數

現在重點來了，路找到了，也抵達了還車處，一點也不意外地見到大門深鎖。周六下午及周日休息，所以開門時間是下周一，也就是後天。延遲 1、2 天的租車費也就認了，我最擔心的是會不會有鉅額罰款，那就很慘了。無可奈何中只好留個紙條塞入門縫，表示我們的確有趕過來，剩下來的事就屆時再說了，而車子還是得開走。

接下來要去找住處，這是透過一個旅館網站訂的房間，位置在住宅區，所以主人跟我們約在地鐵站附近，好不容易到達會合點，打電話聯繫時主人還指示我們再開到附近某處，這時我的腦中已經一片混沌，於是堅決不同意，我告訴他，我們一步都不想再移動了。

周一還車，很幸運的以輕喜劇收場。由於車子是由愛丁堡租出，所以如何處理也需由那邊公司決定，這回我們又請出 Dennis，請她跟上次交涉過的經理商量，最後結

城市道路塞車是常見景像

論是我們只要加付 20 英鎊，也就是 1 天的租金便可以了，我和阿班終於放下心中一塊大石頭。

　　租車的第一天因對方延遲交車補償我們 40 英鎊，最後一天我們因同樣理由賠償對方，帳面上我們小賺 20 英鎊，帳面下是兩尾盲蛇全身細胞死傷無數。倫敦蒙難那天，疲累不堪又面對超強壓力的愚夫愚婦，沒有半句相互指責埋怨的話，這真是自助旅行訓練出來的奇蹟呢！

英國民宿分享

音符尼斯民宿的外觀

斯開島的民宿

斯開島房間景觀

在英國旅行我們幾乎都是住在民宿（B&B或Guest House），其餘就是青年旅館、旅館及倫敦的公寓套房等。這裡把值得推薦、有特色的住宿處列出分享，供讀者參考。除了山峰國家公園的YH之外，其他都是含衛浴的套房，列出的房價是兩人每晚的價錢，除非另有註記否則都包含早餐。但房價會因季節和年度調整而異，有需要請先行上網確認。

■ Inverness

Glencairn Guest House

· 價格：一晚£50。

· 民宿主人：Mr. Rowan

· 地址：19 Ardross Street, Inverness, IV3 5NS Scotland

· 電話：(01463) 232965

· 網址：www.glencairnardross.co.uk

· 說明：經由 www.visitscotland.com 網站訂房。這家非常乾淨清爽，離市區和城堡都不遠，晚上可以走路到河邊看夜景，或在河邊散步都很棒，從這裡可到尼斯湖做一日之遊。

■ Isle of Skye

Croit Anna B&B

· 價格：一晚£50。

· 地址：28 Bernisdale, Skeabost Bridge, Portree, Isle Of Skye, IV51 9NS

· E-mail：marymunsie@croitanna.freeserve.co.uk

· 電話：(01470) 532760

· 説明：這家是我們在路上發現的，值得大力推薦，在我們的房間和早餐桌都享有無敵美景。雖然地址是 Portree，但其實它是在東西岸的中間位置，只不過可能要開車比較方便。位置可查一下 google map。這家可惜沒有網站，但坐擁窗外大片美景令人難忘，絕對值得。

■ Bamburgh

Waren House Hotel

· 價格：一晚£180。

· 地址：Waren Mill, Belford, Northumberland, NE70 7EE

· 網址：www.warenhousehotel.co.uk

· 説明：這家旅館是此行住過最貴的一家，但它是 19 世紀的莊園，可以多花些時間在莊園裡走走，頗具特色。

■ Newcastle

Travelodge Newcastle Central Hotel

· 價格：一晚£61（不含早餐）。

· 地址：Forster Street, Quayside, Newcastle, NE12NH

· 網址：www.travelodge.co.uk

· 説明：連鎖性旅館，方便乾淨，地點非常好，離千禧橋很近走路即到，看夜景很方便。

■ 湖區 Keswick 小鎮

Lane Rigg Dribate Hotle

· 價格：一晚£60。

· 民宿主人：Mr. & Mrs. R.B. Hutchinson

· 地址：The Heads Keswick, Cumbria CA12 5ES

· E-mail：lanerigg@btconnet .com

威廉堡民宿的窗外

好主人和好客人

· 電話：(017687) 72001
· 説明：很雅致的民宿，窗外一片綠意，由此可步行到公園及繞著湖邊散步，非常舒服。

■ 湖區 Windermere 小鎮

BECKSIDE B&B

· 價格：一晚£56。
· 民宿主人：Mrs. Pauline Threlfall
· 地址：Rayrigg Road, Bowness on Windermere, Cumbria, LA23 1EY
· 電話：(015394) 43565
· 説明：離市區有一段路，但可由湖邊散步過去。請參考「在湖區小鎮遇見鳳凰女」一文，寫的就是這家民宿。

約克浪漫的
紫色房間

■ York

ARDMORE Guest House

· 價格：一晚£65。
· 地址：31 Claremont Terrace, York Y031 7EJ
· 網址：www.ardmoreyork.co.uk
· 説明：很熱情爽朗的民宿女主人，房間布置得很有韻味，但需扛行李上樓。地點在城外但走路即可到城內。

■ Peak District National Park

Castleton 小村／青年旅館（YH），Castleton Hope Valley

· 價格：一晚£51.2。
· 地址：Derbyshire, S33 8WG, Rayrigg Road, Bowness on Windermere, Cumbria, LA23 1EY
· 電話：(0845) 3719628
· 傳真：(01433) 621767
· E-mail：castleton@yha.org.uk
· 網址：www.yha.org.uk
· 説明：住雙人房衛浴公用，有很大一間公用廚房非常方便，但小村沒超市所以要先採購食物再進去。國家公園很美可去之處很多，值得至少住宿兩晚。另外，

小村 Information Centre 推薦的都是高檔旅館，這是我們花了一些時間才找到
的，所以他們的建議參考一下就好。

■ Ludlow

The Wheatsheaf Inn

- 價格：一晚£70。
- 地址：Lower Broad Street, Ludlow, Shropshire SY8 1PQ
- 電話：(01584) 872980
- E-mail：enquiries@the-wheatsheaf-inn.co.uk
- 網址：www.the-wheatsheaf-inn.co.uk
- 說明：超過三個世紀的建築、兩百多年的酒館民宿，乾
  靜雅致又古意盎然。請參考「慢活小城」一文。

勒德洛古色古香的房間

■ 威爾斯 Conwy 小城

Bryn Derwen Guest House

- 價格：一晚£57。
- 地址：Woodlands, Gyffin, Conwy LL32 8LP
- 電話：(01492) 596134
- 手機：(0778) 4209597
- E-mail：info@ conwybrynderwen.co.uk
- 網址：www.conwybrynderwen.co.uk
- 說明：城牆外的民宿，房間視野很好住起來舒服，走到城
  堡也不遠。這是請城堡旁 Information Centre 代訂的，很
  令人滿意。

康威的民宿在小山坡上

■ London

Budget Mapesbury Hostel

- 價格：一晚每人£20 ～ 25，再加訂房費及公寓電費，兩人住七晚平均每晚£45
  （不含早餐）。
- 說明：經由 www.hostel.com 網站訂房，為公寓式套房附小廚房，到市中心需走
  一段路去搭地鐵（灰線 Jubilee / Kilburn 站）或公車，但房價不錯且附近有超市
  可以自己料理食物。

英國 33 天自助行程

行前計畫

　　去英國旅行前，我收集了一些旅遊書和網路資料，瀏覽過各地的主要景點後，做了 33 天的行程計畫。行程安排的大原則是依據我們自己的偏好：一是親小鎮，而遠城市；二是保持彈性，喜歡的地方就多住兩天、不喜歡就隨時走人。所以住宿也只預訂了頭尾兩處，因為開車旅行自由度是很高的。

　　在每一次分享我們的自助旅行時，最常被問到的就是：「花了多少錢？」這個問題非常實際，在此提供我們的旅費作為參考。這趟旅行每人的花費是 12 萬台幣，大項的花費比例是：機票 26.6%、租車 8.8%、住宿 3.6%，其中租車和住宿是兩人平均下來的費用，其餘約 60% 就花在加油、餐費、門票及車船等。不過每個人的旅行花費其實很個別化，像是住四、五星級的旅館和民宿或 YH 差很多，到餐廳吃大餐和自己煮也差很多，所以參考一個大概後，還是要依自己的需求來估算。

　　這裡列出的是我們完成的行程，與原先的計畫有小部分變動，例如蘇格蘭略過了格拉斯哥，以及意外在紐開索住一晚等。但要提醒的是，有些地方是將就特定狀況，不一定適用其他人。如在第二十三天住在一個小城不是因為有特別的景觀，而是為了次日倫敦還車方便。

紐開索千禧橋

蘇格蘭史特靈堡老街

英格蘭班伯城堡的「古代人」

行程表內通常我還會加上日期和星期幾，以提醒錯開景點或博物館的關閉時段。

另外，還加上每一段路的所需時間，不論開車或搭車都方便控制時間，也很有幫助。

蘇格蘭、威爾斯、英格蘭自助行程

D 1　TPE-HKG-LHR-EDI
D 2　Edinburgh：愛丁堡大學、城堡、市區
D 3　Edinburgh：市區、登山健行、植物園
D 4　Edinburgh：愛丁堡博物館、飛行博物館
D 5　Edinburgh（租車）-Inverness：城堡、河畔、教堂
D 6　Inverness 搭船遊尼斯湖、Urquhart Castle 廢墟遺址、Inverness 河邊夜景
D 7　Inverness-Isle of Skye 迷霧之島
D 8　Isle of Skye-Fort William 搭火車至 Mallaig 來回（景觀路線）
D 9　Fort William 搭纜車上山 Range Nevis，景觀極佳。回程走 8004 號公路為一鄉
　　　間小路，景觀甚佳，一路遠觀 Range Nevis
D10　Fort William-Kimahog-Stirling-Glasgow-Bamburgh 城堡
D11　Bamburgh-Newcastle 千禧橋
D12　Newcastle-Durham-Carlisle-Keswick 湖區國家公園
D13　Keswick-Grasmere-Windermere 湖區國家公園
D14　Windermere 湖區國家公園
D15　Windermere-Helmsley-York 古城約克
D16　York-Leeds-Funtain Abby-Chatsworth–Buxton
D17　Buxton-Castleton 山峰區國家公園
D18　Castleton-Conwy 威爾斯古圍城康威
D19　Conwy-Llanberis-Conwy 康威、斯諾登尼亞國家公園
D20　Conwy-Ludlow 慢活小城
D21　Ludlow-Stratford-upon-Avon 莎翁故居 -Castle Combe-Bath 羅馬浴場
D22　Bath-Stonehenge 巨石群 -Sailsbury- Chichester Apuldram
D23　Chichester Apuldram-Brighton-Horley 布萊頓皇家閣
D24　Horley-London
D25　London-Cambridge-London（搭火車）
D26　London-Windsor Castle-Oxford-London（搭火車）
D27　London 國會大廈、西敏寺、聖詹姆士公園、白金漢宮、倫敦眼
D28　London 大英博物館、倫敦橋、自然科學博物館、V&A 博物館
D29　London 泰德現代美術館、格林威治公園、遊泰晤士河、歌劇「悲慘世界」
D30　London 白金漢宮衛兵交接、海德公園、肯辛頓公園
D31　London 攝政公園、瑪麗皇后花園、科芬園
D32　London LHR-HKG
D33　HKG-TPE

倫敦希斯洛機場是一個月旅行的起點和終點

英國旅遊資訊

倫敦泰晤士河景

倫敦市區往機場地鐵

■英國旅遊
www.visitbritain.com/zt/TW
■英國國家信託
www.nationaltrust.org.uk
■國家信託（蘇格蘭）
www.nts.org.uk
受國家信託管理英國數百座城堡古蹟，繳費加入會員（一年有效）可免費參觀所屬的英格蘭、蘇格蘭及威爾斯各城堡及古蹟，非常划算。
■倫敦
‧旅遊：www.visitlondon.com
‧交通：www.tfl.gov.uk
■蘇格蘭
‧旅遊：www.visitscotland.com
‧歷史古蹟：www.historic-scotland.gov.uk
■威爾斯
‧旅遊：www.visitwales.com
■住宿
‧民宿：www.bedandbreakfast.com
‧旅館：www.hostel.com
‧青年旅館：www.yha.org.uk
■地圖、公共交通工具查詢
‧火車（含地鐵）：www.networkrail.co.uk
‧英國大眾交通（路線、時間、票價等）：

www.traveline.info

‧大眾交通接駁轉運：www.transportdirect.info/Web2/Home.aspx

‧蘇格蘭鐵路：www.scotrail.co.uk

■駐英單位

台北駐英國代表處（Taipei Representative Office in the UK）

‧緊急連絡電話：(07768) 938765

‧上班時間電話：(0207) 8812650

‧地址：50 Grosvenor Gardens, London SW1W 0EB

‧網站：www.taiwanembassy.org/uk

台北駐愛丁堡代表處（Taipei Representative Office in the UK, Edinburgh Office）

‧緊急連絡電話：(07900) 990385

‧上班時間電話：(0131) 2206886、(0131) 2206890

‧蘇格蘭地區電話：(07900) 990385

‧地址：1 Melville Street / Edinburgh EH3 7PE

倫敦滑鐵盧車站

■英國電話號碼

‧國碼：44

‧英國打台灣：00+886+ 區域號碼 + 電話號碼

‧台灣打英國：002+44+ 區域號碼（除去 0）+ 電話號碼

‧英國電話號碼形式很多，區碼加電話碼最多十碼，最少七碼（0 除外），有的甚至區碼比電話號碼還長。07,08,09 字頭後面再加一至三碼為手機或不同費率計算的電話號碼起首。

倫敦塔橋

國家圖書館出版品預行編目資料

車行3000公里暢遊英國／賴富蘋 文‧攝影.--初
　版.-- 臺北市：華成圖書, 2012.03
　　面 ； 公分. --（自主行系列；B6121）

　ISBN 978-986-192-133-4（平裝）

　1.遊記　2.汽車旅行　3.英國

741.89　　　　　　　　　　　　100027799

自主行系列　　B6121

車行*3000*公里 *暢遊英國*

作　　者／賴富蘋

出版發行／ 華杏出版機構
　　　　　華成圖書出版股份有限公司
　　　　　www.farreaching.com.tw
　　　　　台北市10059新生南路一段50-2號7樓
　　　　　戶　　名　華成圖書出版股份有限公司
　　　　　郵政劃撥　19590886
　　　　　e-mail　huacheng@farseeing.com.tw
　　　　　電　　話　02 23921167
　　　　　傳　　真　02 23225455
　　　　　華杏網址　www.farseeing.com.tw
　　　　　e-mail　fars@ms6.hinet.net
　　　　　華成創辦人　　郭麗群
　　　　　發 行 人　　蕭聿雯
　　　　　總 經 理　　熊 芸
　　　　　法律顧問　　蕭雄淋‧陳淑貞

　　　　　企劃副主編　　俞天鈞
　　　　　執行編輯　　張靜怡
　　　　　美術設計　　謝昕慈
　　　　　印務主任　　蔡佩欣

定　　　價／以封底定價為準
出 版 印 刷／2012年3月初版1刷

總　經　銷／知己圖書股份有限公司
　　　　　　台中市工業區30路1號　　電話　04-23595819　　傳真　04-23597123

☺讀者回函卡

謝謝您購買此書，為了加強對讀者的服務，請詳細填寫本回函卡，寄回給我們（免貼郵票）或 E-mail至huacheng@farseeing.com.tw給予建議，您即可不定期收到本公司的出版訊息！

您所購買的書名/＿＿＿＿＿＿＿＿＿＿　購買書店名/＿＿＿＿＿＿＿＿

您的姓名/＿＿＿＿＿＿＿＿＿＿　聯絡電話/＿＿＿＿＿＿＿＿

您的性別/□男 □女　　　您的生日/西元＿＿＿＿＿年＿＿月＿＿日

您的通訊地址/□□□□□＿＿＿＿＿＿＿＿＿＿＿＿＿

您的電子郵件信箱/＿＿＿＿＿＿＿＿＿＿＿＿＿

您的職業/□學生 □軍公教 □金融 □服務 □資訊 □製造 □自由 □傳播
　　　　　□農漁牧 □家管 □退休 □其他

您的學歷/□國中（含以下） □高中（職） □大學（大專） □研究所（含以上）

您從何處得知本書訊息/（可複選）

□書店 □網路 □報紙 □雜誌 □電視 □廣播 □他人推薦 □其他

您經常的購書習慣/（可複選）

□書店購買 □網路購書 □傳真訂購 □郵政劃撥 □其他＿＿＿＿＿＿＿

您覺得本書價格/□合理 □偏高 □便宜

您對本書的評價（請填代號/ 1.非常滿意 2.滿意 3.尚可 4.不滿意 5.非常不滿意）

封面設計＿＿＿ 版面編排＿＿＿ 書名＿＿＿ 內容＿＿＿ 文筆＿＿＿

您對於讀完本書後感到/□收穫很大 □有點小收穫 □沒有收穫

您會推薦本書給別人嗎/□會 □不會 □不一定

您希望閱讀到什麼類型的書籍/＿＿＿＿＿＿＿＿＿＿＿＿＿

您對本書及我們的建議/

廣 告 回 信

台 北 郵 局 登 記 證

台 北 廣 字 第 0 0 0 5 2 6 號

免 貼 郵 票

華杏出版機構

華成圖書出版股份有限公司　　收

台北市10059新生南路一段50-1號4F　　TEL/02-23921167

（沿線剪下）

（對折黏貼後，即可直接郵寄）

本公司為求提升品質特別設計這份「讀者回函卡」，懇請惠予意見，幫助我們更上一層樓。感謝您的支持與愛護！

www.farreaching.com.tw　　請將　B6121　「讀者回函卡」寄回或傳真 (02) 2394-9913